CW01476689

Cân, f'enaid, Cân

CYHOEDDIADAU'R
GAIR

Ysgrifennwyd gan SALLY LLOYD-JONES
Darluniwyd gan JAGO
Addasiad Cymraeg gan ELERI HUWS

Testun gwreiddiol: © Sally Lloyd-Jones 2012
Teitl gwreiddiol: *Thoughts to Make Your Heart Sing* © 2012
Cyhoeddwyd gan Zonderkidz, *Grand Rapids, Michigan 49530*
Lluniau: © 2012 Jago

Argraffiad Cymraeg cyntaf © 2014
Addasiad Cymraeg: Eleri Huws
Cysodi: Ynyr Roberts
Golygydd Cyffredinol: Aled Davies

Mae'r cyhoeddwr yn cydnabod cymorth adrannau Cyngor Llyfrau Cymru.

Dyfyniadau Beiblaidd allan o'r Beibl Cymraeg Newydd, Argraffiad Diwygiedig (2004),
trwy garedigrwydd Cymdeithas y Beibl.

ISBN 978 1 85994 777 8
ISBN 978-0-310-62115-7
Argraffwyd yn China.

Cedwir pob hawl.
Ni chaniateir copïo unrhyw ran o'r deunydd hwn
mewn unrhyw ffordd oni cheir caniatâd y cyhoeddwyr.

Cyhoeddwyd gan
Cyhoeddiadau'r Gair, Cyngor Ysgolion Sul Cymru,
Ael y Bryn, Chwilog, Pwllheli, Gwynedd LL53 6SH.

www.ysgolsul.com

CYFLWYNIAD

I'm rhieni, gyda llawer o gariad – SLJ

I 'ngwraig a 'mhlant hyfryd – Jago

**LLYFRAU ERAILL GAN
SALLY LLOYD-JONES:**

*Beibl Bach Stori Duw:
Mae pob stori'n sibrwd ei enw*
Cyhoeddiadau'r Gair

Beibl yr Arth Bach
Cyhoeddiadau'r Gair

CYDNABYDDIAETHAU

Mae nifer o ddiwinyddion, awduron ac athrawon Cristnogol mawr wedi fy ysbrydoli i, ac wedi fy nysgu – yn eu plith C.S. Lewis, Helmut Theilke, Corrie ten Boom, Amy Carmichael, David Martyn Lloyd-Jones, Jonathan Edwards, Brennan Manning, Timothy Keller a John Stott. Rwy'n ddyledus i bob un ohonyn nhw, a dyfynnir gwaith rhai ohonynt yn y gyfrol hon.

Yn bennaf oll, rwy'n ddyledus i'm rhieni, a chyflwynaf y llyfr hwn iddyn nhw. Ganddyn nhw y cefais yr anrheg orau erioed: gwahoddiad i'r Ffydd – sef yr hyn roedd Corrie ten Boom yn ei alw 'Yr Antur Ryfeddol o Ymddiried Ynddo Ef'.

Fy ngweddi yw y bydd y darllenydd hefyd yn derbyn gwahoddiad i ymuno â'r Antur Ryfeddol honno.

RHAGAIR

Pan glywais fod Sally Lloyd-Jones yn bwriadu ysgrifennu llyfr defosiynol ar gyfer plant, ro'n i'n chwilfrydig iawn. Nawr mod i wedi gweld y gwaith, rydw i wrth fy modd.

Pam fod cyn lleied o sylw wedi ei roi i fywydau defosiynol plant? Wrth gwrs, fe ddylem wneud yr holl bethau arferol: eu dysgu am y Beibl, eu cynnwys mewn defosiwn teuluol, a'u hannog i gymryd rhan mewn addoliad. Ond mae annog plentyn i ddatblygu ei fywyd defosiynol ei hun yn rhywbeth sy'n ddiffygiol, er y gallai gael effaith ar p'un ai a fydd y plentyn yn tyfu i fyny a chanddo fywyd ysbrydol cytbwys, neu un sy'n beryglus o unochrog.

Rwy'n teimlo ei bod yn rhy hawdd canolbwyntio ar drosglwyddo dim ond ffeithiau i'n plant. Wrth gwrs, mae rhoi iddyn nhw seiliau cadarn o ran gwirioneddau beiblaidd, dysgu rhannau o'r Beibl ar eu cof, a ffeithiau athrawiaethol sylfaenol, yn bwysig iawn.

GAN TIM KELLER

Rhywsut, fodd bynnag, mae'r agwedd o brofi perthynas gyda Duw yn cael ei hesgeuluso, ac erbyn i'r plant fod yn eu harddegau maen nhw'n hynod o anghytbwys – mae ganddynt ddigon o wybodaeth, ond ychydig iawn o brofiad o bresenoldeb Duw.

Er nad yw un llyfr yn ddigon ynddo'i hun i gywiro'r diffyg cydbwysedd hwn, efallai mai *Cân, f'enaid Cân* yw'r cyflwyniad cyntaf gorau i blant i'w galluogi i gael eu hamser eu hunain gyda Iesu. Mae'n rhannu'r un gwaith celf deniadol, bywiog â *Beibl Bach Stori Duw* – un o'm hoff anrhegion ar gyfer ffrindiau, p'un ai a oes ganddyn nhw blant ai peidio – yn ogystal â thestun hynod ddarllenadwy Sally Lloyd-Jones.

Er mai ar gyfer plant a phobl ifanc yn bennaf y bwriadwyd y gyfrol hon, y gobaith yw y bydd yn gwneud i galonnau pawb ganu.

NODYN GAN YR AWDUR

Ysgrifennwyd y pytiau hyn i'ch atgoffa o bethau sy'n wir.

Does dim rhaid eu darllen un ar ôl y llall – dim ond un bob dydd.

Maen nhw'n dod o'r Beibl, y llyfr lle dywedodd Duw bethau gwych wrthoch chi – pethau fel ei fod e'n eich caru chi, a sut y gallwch chi ei garu e.

Weithiau, ro'n i'n ysgrifennu ar gyfer rhai sydd eisoes yn gwybod sut brofiad ydy dod adref at Dduw. Dro arall, ro'n i'n ysgrifennu ar gyfer rhai sy'n dysgu sut beth ydy hynny.

Cofiwch wrando ar beth bynnag mae Duw'n ei ddweud wrthoch chi.

SALLY

"Digona ni yn y bore â'th gariad, inni gael gorfoleddu a llawenhau ein holl ddyddiau."
SALM 90:14

CYNNWYS

CYNNWYS

CYNNWYS

DAWNSIA!

Yn y dechreuad, creodd Duw bopeth trwy gyfrwng cân a llawenydd, gan wneud i'r holl greadigaeth ddawnsio.

Duw oedd yn y canol – yng nghalon popeth.

Fel dawns y planedau o flaen yr haul – peli tanllyd yn sïo, yn cylchu, yn chwyrlïo rownd a rownd yn y gofod – gofalodd Duw fod popeth yn ei fyd, yn ei fydysawd ac yng nghalonnau ei blant, yn troi o'i gwmpas mewn Dawns o Lawenydd hyfryd!

Ar gyfer y Ddawns hon y cawsoch chi eich geni.

'. . . pan oedd sêr y bore i gyd yn llawenhau, a'r holl angylion yn gorfoleddu . . .' **JOB 38:7**

TRYCHINEB!

Beth fyddai'n digwydd petai'r planedau'n cymryd lle'r haul yng nghanol y greadigaeth?

TRYCHINEB!

Yn ôl y Beibl, dyna ddigwyddodd pan wnaethon ni bechu.

Creodd Duw galonnau ei blant fel eu bod yn dod at ei gilydd mewn Dawns o Lawenydd, gan chwyrlïo a throi o'i gwmpas. Ond fe gymeron ni le Duw yn y canol, a rhoi ein hunain yn lle Duw – a dyna'n union ydy pechod.

Chwalwyd byd perffaith Duw. A bellach dydy ein calonnau ni ddim mewn cytgord â Duw, nag â'r bydysawd, na phobl eraill – na ni ein hunain.

Ond roedd gan Dduw Gynllun.

Ac Achubwr.

Un diwrnod, byddai Iesu'n cymryd trychineb ein pechod ni i'w galon ei hun.

Ac yn ein harwain ni'n ôl i'r Ddawns o Lawenydd.

'. . . cei ymdrwsio eto â'th dympanau, a mynd allan yn llawen i'r ddawns.' **JEREMEIA 31: 4**

Y TAD NEFOL CARIADUS

Mae Duw'n dweud mai ef ydy Crëwr y Nefoedd a'r Ddaear! Y Duw Hollalluog!

Ac mae'n dweud ei fod hefyd yn dad – yn Dad i chi.

Mae'n dangos darlun hyfryd i ni – fel petai wedi tynnu llun â chamera. Llun o'n Duw ni'n eich dysgu chi – ei blentyn bach – sut i gerdded. Yn eich codi yn ei freichiau. Yn eich arwain yn dyner.

Trwy gydol eich bywyd – o'r dechrau i'r diwedd – mae Duw ei hun yn eich dysgu sut i gerdded gydag e.

Mae'n gafael yn eich llaw i'ch arwain.

'. . . Dysgais fy mhobl sut i gerdded, gan afael yn eu llaw i'w harwain.' **HOSEA 11:3** (aralleiriad)

PEDWAR GAIR BACH

'Am hynny gosodwch y geiriau hyn yn eich calon ac yn eich enaid . . .' DEUTERONOMIUM 11:18

Pa eiriau mae Duw am i chi eu trysori'n ddwfn yn eich calonnau?

'Cofiwch fod yn dda'? 'Rhaid gwella'?
'Mae angen mwy o ymdrech'? Ai dyna'r geiriau ysgrifennodd Duw yn y Beibl, i'n hachub a'n rhyddhau ni?

Nage. Dim ond dangos beth *na* allwn ei wneud mae'r geiriau hynny.

Mae Duw am i ni gofio pedwar gair bach:
'Rwy'n dy garu di!'

Dyma'r geiriau sy'n atal y Celwydd Ofnadwy sibrydodd Satan wrth Efa yn yr ardd: 'Dydy Duw ddim yn dy garu di!' Y geiriau sy'n iacháu'r gwenwyn yn ein calonnau – y gwenwyn sy'n ein rhwystro rhag ymddiried yn Nuw.

Y geiriau y treuliodd Iesu ei fywyd yn eu dweud wrthon ni.

Y geiriau y bu Iesu farw er mwyn eu profi.

Pa eiriau fyddwch chi'n eu trysori heddiw?

24

DRWY'R HOLL DDAEAR!

O'r holl bethau rhyfeddol a luniwyd gan Dduw,
pa un ydy'r mwyaf syfrdanol yn eich barn chi?

Ai'r Wyddfa? Neu'r Llwybr Llaethog? Neu
Begwn y Gogledd, efallai?

Beth am fynydd Everest? Neu fachlud haul?
Beth am y morfil? Neu'r llewpart?

Wyddoch chi beth, ym marn Duw, ydy'r peth mwyaf gwych, mwyaf rhyfeddol, iddo erioed ei greu?

Chi.

'. . . byddwch yn eiddo arbennig i mi ymhlith yr holl bobloedd, oherwydd eiddof fi'r ddaear i gyd.' **EXODUS 19:5**

CANWCH EICH CÂN!

Mae'r byd i gyd yn canu cân. Glywsoch chi'r gân honno?

Mae'r gwynt yn ei sibrwd rhwng canghennau'r coed. Mae'r glaw yn ei phitran-patran ar y toeau. Mae'r cread crwn yn ei chanu gyda'i gilydd: 'Mae Duw'n ein caru ni. Ef a'n creodd. Mae'n falch ohonom!'

Hon ydy'r gân a ganwyd o'r cychwyn cyntaf. Creodd Duw bopeth yn ei fyd i ganu'r gân hon.

Hon ydy'r gân heb eiriau. Y gân y cawsoch chithau hefyd eich creu i'w chanu.

Fe anghofion ni ein cân amser maith yn ôl, pan droeson ni ein cefnau ar Dduw. Ond daeth Iesu i'n tywys adref at Dduw – a rhoi'r gân yn ôl i ni.

Felly canwch – canwch eich cân!

'Bloeddiwch mewn gorfoledd i'r Arglwydd, yr holl ddaear. Addolwch yr Arglwydd mewn llawenydd, dewch o'i flaen â chân. Gwybyddwch mai'r Arglwydd sydd Dduw; ef a'n gwnaeth, a'i eiddo ef ydym . . .'
SALM 100: 1–3

DUW YN Y NEFOEDD

Nid fel hyn roedd pethau i fod.

Pan redodd Adda ac Efa, y bobl gyntaf, i ffwrdd oddi wrth Dduw, torrwyd ei galon – a thorrwyd ei fyd. Daeth dagrau a salwch, poen a marwolaeth, i mewn.

Creodd Duw ei fyd i fod yn gartref perffaith i ni. Ond difethwyd y cyfan gan bechod. Fe wnaethon ni lanast llwyr o fyd Duw, a cholli'r cyfan!

Beth wnaeth Duw – ein gadael ni? Edrych i lawr o'r nefoedd ar y llanast roedden ni wedi'i greu?

Na. Nid edrych i lawr yn unig wnaeth Duw, ond dod i lawr. Daeth Duw ei hun i lawr atom.

Nid fel barnwr i'n cosbi, ond fel Achubwr i'n hachub.

'Ymestynnodd o'r uchelder a'm cymryd . . .'
SALM 18:16

I'R GAD!

Beth ydy pechod? Pechod ydy ceisio dianc rhag Duw, sy'n ein caru ni – ceisio mynd ein ffordd ein hunain hebddo fe.

Ond mae'r Beibl yn dweud nad crwydro oddi ar y llwybr a mynd ar goll yn ddamweiniol ydy hyn. Mae'n debycach i geffyl yn carlamu oddi wrtho. Dyna pa mor benderfynol ydyn ni o ddianc rhag Dduw! Rydyn ni fel ceffylau'n carlamu'n wyllt ar ôl y pethau rydyn ni am eu cael.

Ond mae Duw'n gallu ffrwyno ceffylau sy'n rhedeg i ffwrdd.

A'u harwain yn ôl yn dyner.

'. . . nid edifarhaodd neb am ei ddrygioni a dweud, "Beth a wneuthum?" Y mae pob un yn troi yn ei redfa, fel march cyn rhuthro i'r frwydr.' **JEREMEIA 8:6**

COLOMEN ARBENNIG

Adeg yr Ail Ryfel Byd, plymiodd awyren i'r môr. Er na allai'r criw anfon neges radio i alw am help, roedd ganddyn nhw golomen arbennig o'r enw Winkie!

Hedfanodd Winkie'n ôl i ganolfan yr awyrlu – pellter o 129 milltir – gan drosglwyddo neges a achubodd y criw. Cyflwynwyd medal iddi am ei dewrder.

Pa mor bell bynnag mae adar yn hedfan, gallant ddod o hyd i'r ffordd adref – dro ar ôl tro. Ond dydy hynny ddim yn wir am blant Duw – dydyn nhw ddim yn hiraethu digon.

Duw ydy ein gwir gartref. Os byddwn i ffwrdd oddi wrtho, rydyn ni ar goll.

Ydych chi'n bell i ffwrdd heddiw? Gwnewch fel y golomen. Y funud y byddwch yn sylweddoli eich bod ar goll, anelwch am adref.

'. . . dychwel ataf, canys yr wyf wedi dy waredu.'
ESEIA 44:22

DEWCH YN ÔL!

Mae Duw am i ni fod yn agos ato. Pan fyddwn
yn crwydro oddi wrtho, mae'n dweud wrthym:

> Dewch yn ôl ataf i –
> Rydw i'n dyner a charedig.
>
> Rydw i'n araf iawn i ddigio,
> Ond yn barod iawn i faddau!
>
> Dewch yn ôl ataf i
> Ac ymddiheuro yn eich calon.
>
> Rydw i'n aros i faddau i chi.
>
> Ble bynnag rydych chi,
> Beth bynnag wnaethoch chi,
> Dewch ataf i!

'"Yn awr," medd yr Arglwydd, "dychwelwch ataf â'ch
holl galon . . . a dychwelwch at yr Arglwydd eich Duw."
Graslon a thrugarog yw ef, araf i ddigio, a mawr ei
ffyddlondeb . . .' **JOEL 2:12–13**

DUW'R CYFAMOD

Yn y Beibl, roedd cyfamod yn gytundeb na ellid ei dorri; nid mewn inc yr ysgrifennwyd ef, ond mewn gwaed.

Wrth ladd anifail, byddech yn dweud, 'Os na chadwaf fy ngair, gadewch i mi farw fel yr anifail hwn!'

Gwnaeth Duw gyfamod tebyg gyda'i blant, a dweud, 'Byddaf i'n eich caru chi BOB AMSER!' Roedden ni i fod i addo, 'Byddwn ninnau'n dy garu dithau hefyd!'

Ond fe redon ni i ffwrdd oddi wrth Dduw, a thorri'n hochr ni o'r cytundeb. Roedden ni wedi'n dedfrydu i farwolaeth. Ond achubodd Duw ni. Sut? Trwy anwybyddu'r ddeddf? Nage.

Cadwodd Duw ei hun ein hochr ni o'r cytundeb – ac, yn Iesu, bu farw yn ein lle.

Ysgrifennwyd addewid Duw i ni – y bydd yn ein caru bob amser – mewn gwaed; gwaed ei fab.

[Dywedodd Iesu,] '. . . hwn yw fy ngwaed i, gwaed y cyfamod, a dywelltir dros lawer er maddeuant pechodau.' **MATHEW 26:28**

FFYDD BRON-YN-ANWELEDIG

Pan ddywedodd ffrindiau Iesu wrtho, 'Rho fwy o ffydd i ni!', atebodd Iesu, 'Mae gennych chi ddigon yn barod.'

Mae hyd yn oed ffydd mor fach â hedyn mwstard yn ddigon. Pa mor fach ydy hynny? Wel, tua'r un faint â'r atalnod llawn ar ddiwedd y frawddeg hon. Yn ôl Iesu, mae'n ddigon i ddiwreiddio clamp o goeden a'i phlannu yn y môr!

Mae hyd yn oed mymryn bach o ffydd – y smotyn lleiaf, y ffydd bron-yn-anweledig honno sydd gennych – yn ddigon i'ch helpu i wneud beth bynnag mae Iesu'n gofyn i chi ei wneud.

Nid faint o ffydd sydd ganddon ni sy'n bwysig.

Yr hyn sy'n bwysig ydy Iesu, a pha mor ffyddlon ydy e!

'Ac meddai'r Arglwydd, "Pe bai gennych ffydd gymaint â hedyn mwstard, fe allech ddweud wrth y forwydden hon, 'Coda dy wreiddiau a phlanner di yn y môr,' a byddai'n ufuddhau i chwi." ' **LUC 17:6**

FFRIND PECHADURIAID

Un diwrnod, aeth Iesu i ddinas bwysig Jericho i gynnal cyfarfod.

Gyda phwy, tybed? Y maer? Yr esgob?

Nage. Anelodd Iesu'n syth at . . . y pechadur mwyaf un. (Dyn bach byr oedd hwnnw, gyda llaw, ac roedd e wedi dringo coeden.)

Dychmygwch eich bod yn mynd i Gaerdydd, ac yn lle cael te gyda Phrif Weinidog Cymru, yn dod o hyd i'r troseddwr gwaethaf un a chael te gydag e.

Er bod pawb yn y ddinas yn casáu Sacheus, dewisodd Iesu gael te gydag e – o bawb! (Bryd hynny roedd hynny'n beth gwarthus – fel dweud wrtho, 'Gad i ni fod yn ffrindiau!')

'Mae Iesu'n ffrind pechaduriaid!' meddai'r Bobl Bwysig yn wawdlyd.

Ac roedden nhw'n iawn: mae Iesu *yn* caru pechaduriaid.

Dyna'r rheswm pam y daeth e i'r byd.

'Daeth Crist Iesu i'r byd i achub pechaduriaid.'
1 TIMOTHEUS 1:15

ANRHEG RAD AC AM DDIM

Pechadur oedd Sacheus. Roedd e'n dwyn, yn twyllo ac yn dweud celwydd – felly pam byddai Iesu'n ei garu? Oedd Iesu am fod yn ffrind i Sacheus oherwydd ei fod wedi dweud, 'Fe fydda i'n berson gwell'?

Nac oedd. Fel arall yn hollol oedd hi.

Hyd yn oed pan nad oedd gan Sacheus yr un ffrind arall, a chyn iddo fyw bywyd gwell, roedd Iesu'n ffrind iddo. Roedd Iesu'n ei dderbyn fel yr oedd, ac yn ei garu.

Doedd dim rhaid i Sacheus berswadio Iesu i fod yn ffrind iddo. Ac mae'r un peth yn wir amdanoch chi. Anrheg rad ac am ddim ydy cariad Duw. Fedrwch chi mo'i ennill. Dydych chi ddim yn ei haeddu. Fedrwch chi mo'i brynu.

Agorwch eich dwylo i'w dderbyn – dyna'r cyfan.

'Trwy ras yr ydych wedi eich achub, trwy ffydd. Nid eich gwaith chwi yw hyn: rhodd Duw ydyw.'
EFFESIAID 2:8

YN BELL, BELL I FFWRDD

Wrth faddau i ni mae Duw'n dweud, 'Anfonais yr holl bethau gwael rydych wedi eu gwneud yn bell, bell i ffwrdd. Eu hyrddio i rywle lle na all neb eu gweld – ddim hyd yn oed fi!'

Ble mae'r lle pellaf i chi erioed deithio iddo? Mae Duw wedi anfon eich pechodau'n bellach na hynny.

Ble mae'r lle pellaf y gallwch ei ddychmygu? Galaethau ddeuddeg biliwn o flynyddoedd goleuni i ffwrdd?

Mae Duw'n anfon eich pechodau'n bellach na hynny! Welwch chi fyth mohonyn nhw eto.

'. . . cyn belled ag y mae'r dwyrain o'r gorllewin y pellhaodd ein pechodau oddi wrthym.'
SALM 103:12

GOGONEDDU!

Mae Duw'n dweud wrthon ni am ei ogoneddu,
sef ei ganmol. Pan fydd rhywun yn eich canmol
chi, mae'n gwneud i chi deimlo'n hapus.
Ond pam fod Duw angen i ni ei ogoneddu?
Pam fod arno ein hangen ni i'w wneud yn
hapus?
Dydy e ddim. Yn y dechreuad roedd Duw y
Tad a Iesu, ei Fab – ynghyd â'r Ysbryd Glân –
yno eisoes, yn deulu hapus oedd yn gogoneddu
ei gilydd yn y Ddawns o Lawenydd.
Wnaeth Duw mo'n creu ni er mwyn ei wneud
e'n hapus – roedd yn llawn llawenydd yn
barod.
Fe'n creodd ni er mwyn rhannu'r llawenydd
hwnnw.
Mae Duw'n gwybod beth sydd ei angen arnoch
i'ch gwneud yn hapus. Pan fydd Duw'n dweud
'Gogoneddwch fi!', yr hyn mae'n ei ddweud
ydy 'Byddwch yn llawn Llawenydd!'
Mae'n ein gwahodd ni i mewn i'w Lawenydd
Di-ben-draw.

'Ond yr ydym ni'n llefaru doethineb Duw a'i dirgelwch,
doethineb guddiedig, a ragordeiniodd Duw cyn yr
oesoedd i'n dwyn i'n gogoniant.' **I CORINTHIAID 2:7**

YN BELL, BELL I FFWRDD

Wrth faddau i ni mae Duw'n dweud, 'Anfonais
yr holl bethau gwael rydych wedi eu gwneud yn
bell, bell i ffwrdd. Eu hyrddio i rywle lle na all
neb eu gweld – ddim hyd yn oed fi!'

Ble mae'r lle pellaf i chi erioed deithio iddo?
Mae Duw wedi anfon eich pechodau'n bellach
na hynny.

Ble mae'r lle pellaf y gallwch ei ddychmygu?
Galaethau ddeuddeg biliwn o flynyddoedd
goleuni i ffwrdd?

Mae Duw'n anfon eich pechodau'n bellach na
hynny! Welwch chi fyth mohonyn nhw eto.

'. . . cyn belled ag y mae'r dwyrain o'r gorllewin y
pellhaodd ein pechodau oddi wrthym.'
SALM 103:12

GOGONEDDU!

Mae Duw'n dweud wrthon ni am ei ogoneddu,
sef ei ganmol. Pan fydd rhywun yn eich canmol
chi, mae'n gwneud i chi deimlo'n hapus.
Ond pam fod Duw angen i ni ei ogoneddu?
Pam fod arno ein hangen ni i'w wneud yn
hapus?
Dydy e ddim. Yn y dechreuad roedd Duw y
Tad a Iesu, ei Fab – ynghyd â'r Ysbryd Glân –
yno eisoes, yn deulu hapus oedd yn gogoneddu
ei gilydd yn y Ddawns o Lawenydd.
Wnaeth Duw mo'n creu ni er mwyn ei wneud
e'n hapus – roedd yn llawn llawenydd yn
barod.
Fe'n creodd ni er mwyn rhannu'r llawenydd
hwnnw.
Mae Duw'n gwybod beth sydd ei angen arnoch
i'ch gwneud yn hapus. Pan fydd Duw'n dweud
'Gogoneddwch fi!', yr hyn mae'n ei ddweud
ydy 'Byddwch yn llawn Llawenydd!'
Mae'n ein gwahodd ni i mewn i'w Lawenydd
Di-ben-draw.

'Ond yr ydym ni'n llefaru doethineb Duw a'i dirgelwch,
doethineb guddiedig, a ragordeiniodd Duw cyn yr
oesoedd i'n dwyn i'n gogoniant.' **I CORINTHIAID 2:7**

YN BELL, BELL I FFWRDD

Wrth faddau i ni mae Duw'n dweud, 'Anfonais yr holl bethau gwael rydych wedi eu gwneud yn bell, bell i ffwrdd. Eu hyrddio i rywle lle na all neb eu gweld – ddim hyd yn oed fi!'

Ble mae'r lle pellaf i chi erioed deithio iddo? Mae Duw wedi anfon eich pechodau'n bellach na hynny.

Ble mae'r lle pellaf y gallwch ei ddychmygu? Galaethau ddeuddeg biliwn o flynyddoedd goleuni i ffwrdd?

Mae Duw'n anfon eich pechodau'n bellach na hynny! Welwch chi fyth mohonyn nhw eto.

'. . . cyn belled ag y mae'r dwyrain o'r gorllewin y pellhaodd ein pechodau oddi wrthym.'
SALM 103:12

BENDITH!

[Meddai'r Arglwydd,] '. . . bendithiaf di yn fawr . . .'
GENESIS 22:17

Pan fyddwch chi'n tisian, mae pobl yn dweud 'Bendith!'
wrthoch chi. Heddiw, mae'r gair yn cael ei ddefnyddio
braidd yn ysgafn.

Ond yn y Beibl mae'n air llawer cryfach. (A does a wnelo fe
ddim â thisian!)

Pan fydd Duw'n addo eich bendithio, mae'n dweud, 'Rydw
i'n mynd i'ch gwneud yn bopeth y bwriedais i chi fod!'

Mae Duw'n cymryd pob diwrnod, a phopeth sy'n
digwydd ynddo – da neu ddrwg – i'ch gwneud chi'n
gryfach, i drwsio unrhyw beth sydd wedi torri, a'ch
newid i fod y person y bwriadwyd chi i fod.

Yn union fel mae lindysyn yn cael ei drawsnewid yn
bilipala, mae cael eich bendithio'n golygu cael eich
newid yn llwyr.

Mae Duw'n trawsnewid popeth – ei fyd toredig, a
chithau.

BYS BACH DUW

Roedd y Brenin Dafydd yn rhyfeddu at fydysawd Duw.

'Pan edrychaf ar y nefoedd, gwaith dy fysedd, y lloer a'r sêr a roddaist yn eu lle, beth yw meidrolyn, iti ei gofio . . ?'
SALM 8: 3–4

Ond soniodd e ddim fod Duw wedi creu'r bydysawd â'i fraich – nac â'i law. Yr hyn ddywedodd e oedd, 'Fe greaist y bydysawd â'th fysedd, Dduw!'

I Dduw, mae'r bydysawd mor fach fel ei fod yn debyg i adeiladu model tegan – â'i fysedd yn unig!

Petai galaeth y Llwybr Llaethog yr un maint â Gogledd America, byddai cysawd yr haul yr un maint â chwpan coffi, a'n daear ni yr un maint â gronyn o lwch yn y cwpan.

I Dduw, mae'r bydysawd yn bitw bach!

Mewn cymhariaeth â Duw, beth ydy pobl? Dim.

Ac eto, mae Duw yn dweud eich bod yn llenwi ei feddwl.

GOGONEDDU!

Mae Duw'n dweud wrthon ni am ei ogoneddu,
sef ei ganmol. Pan fydd rhywun yn eich canmol
chi, mae'n gwneud i chi deimlo'n hapus.
Ond pam fod Duw angen i ni ei ogoneddu?
Pam fod arno ein hangen ni i'w wneud yn
hapus?
Dydy e ddim. Yn y dechreuad roedd Duw y
Tad a Iesu, ei Fab – ynghyd â'r Ysbryd Glân –
yno eisoes, yn deulu hapus oedd yn gogoneddu
ei gilydd yn y Ddawns o Lawenydd.
Wnaeth Duw mo'n creu ni er mwyn ei wneud
e'n hapus – roedd yn llawn llawenydd yn
barod.
Fe'n creodd ni er mwyn rhannu'r llawenydd
hwnnw.
Mae Duw'n gwybod beth sydd ei angen arnoch
i'ch gwneud yn hapus. Pan fydd Duw'n dweud
'Gogoneddwch fi!', yr hyn mae'n ei ddweud
ydy 'Byddwch yn llawn Llawenydd!'
Mae'n ein gwahodd ni i mewn i'w Lawenydd
Di-ben-draw.

'Ond yr ydym ni'n llefaru doethineb Duw a'i dirgelwch,
doethineb guddiedig, a ragordeiniodd Duw cyn yr
oesoedd i'n dwyn i'n gogoniant.' **I CORINTHIAID 2:7**

RHEOLAU DUW

Anrheg i ni ydy rheolau Duw, i'n helpu i fod yr hyn ydyn ni mewn gwirionedd.

Ond dydy Duw ddim am i chi feddwl y byddwch, wrth gadw'i reolau, yn gwneud iddo eich caru.

Mae Duw am i chi ddibynnu ar Iesu, nid arnoch chi eich hun – oherwydd mae Iesu eisoes wedi dilyn y rheolau i gyd.

Rydych chi'n ufuddhau i Dduw nid er mwyn gwneud i Dduw eich caru – mae'n gwneud hynny eisoes – ond yn hytrach oherwydd eich bod chi'n ei garu e.

Gallwn ni garu rheolau Duw nawr – maen nhw'n dangos Duw i ni ac yn ein dysgu sut i'w garu.

'. . . oblegid Duw yw'r un sydd yn gweithio ynoch i beri ichwi ewyllysio a gweithredu i'w amcanion daionus ef.'
PHILIPIAID 2:13

ARF CUDD

Wyddoch chi fod Duw wedi arfogi ei holl blant ag arf cudd?

Hwn oedd yn gyfrifol am greu'r bydysawd cyfan! Mae'n gallu troi tywyllwch yn oleuni!

Beth yw e? Cleddyf miniog, sef Gair Duw.

Gallwch ei ddefnyddio i ddelio â'ch ofnau. Yn hytrach na gwrando ar eich ofnau, a'u credu, gallwch godi cleddyf Gair Duw ac ymosod arnyn nhw.

Sut gallwch chi wneud hynny?

Trwy ddweud yr hyn sy'n wir – y pethau mae Duw wedi eu dweud wrthoch chi: 'Mae gan Dduw gynllun gwych ar gyfer fy mywyd!' 'Byddaf yn ymddiried ynddo, heb ofni!' 'Trwy Iesu rydw i'n fwy na choncwerwr!'

'Ond i Dduw y bo'r diolch, yr hwn sy'n rhoi'r fuddugoliaeth i ni trwy ein Harglwydd Iesu Grist.' **1 CORINTHIAID 15: 57**

GADEWCH I'R HAUL DDOD I MEWN!

Wrth agor y ffenestri, oes rhaid i chi ofyn i'r awyr iach ddod i mewn? Neu wrth agor y llenni, oes rhaid dadlau gyda'r haul cyn y bydd e'n tywynnu i mewn i'r ystafell? Twt lol! Wrth agor y ffenestri, bydd yr awyr iach yn llifo i mewn. Ac wrth agor y llenni bydd yr ystafell yn llenwi â phelydrau'r haul.

Yn ôl y Beibl, peth fel yna ydy heddwch Duw. Bydd yn llifo i'n calonnau, os byddwn yn gadael iddo.

Ydych chi'n poeni am rywbeth? Yn bryderus? Oes rhywbeth yn pwyso ar eich meddwl?

Peidiwch â cheisio delio â phopeth ar eich pen eich hun. Gadewch i heddwch Duw lifo – fel pelydrau'r haul i mewn i ystafell dywyll.

'Bydded i dangnefedd Crist lywodraethu yn eich calonnau . . .'
COLOSIAID 3:15

Y CEFFYL

Ydych chi erioed wedi creu rhywbeth mor gain nes bod yn rhaid i chi ruthro i'w ddangos i rywun?

Fel yna mae Duw'n teimlo ynghylch popeth mae e wedi'i wneud. Mae e ar dân eisiau eu dangos i ni.

Meddyliwch am y ceffyl, meddai Duw – sylwch pa mor gryf yw e, pa mor falch; edrychwch ar ei fwng hyfryd, a pha mor uchel y gall e neidio.

Ac edrychwch, mewn difri calon, arno'n carlamu!
Ac yn ennill rasys. Fi wnaeth hwnna!

Mae Duw yn caru'r ceffyl. Mae e mor falch ohono fel
ei fod yn ysu am gael ei ddangos ar ei orau.

Os ydy Duw yn caru'r ceffyl, meddyliwch gymaint
mwy y mae e'n eich caru chi.

'Clodforaf di, oherwydd yr wyt yn ofnadwy a rhyfeddol, ac y
mae dy weithredoedd yn rhyfeddol. Yr wyt yn fy adnabod
mor dda . . .' **SALM 139:14**

PYSGODYN ALLAN O DDŴR

Welsoch chi erioed bysgodyn yn nofio? Mae'n
plymio, yn gwibio, yn llithro, yn fflachio
drwy'r dŵr. Crewyd pysgodyn ar gyfer byw yn
y dŵr. Dyna ei gynefin naturiol; dyna lle mae'n
perthyn.

Mae'r Beibl yn dweud ein bod ni wedi'n creu
ar gyfer Duw – i'w garu ganddo, ac i'w garu
yntau. Dyna lle rydyn ni'n perthyn.

Ond pan fyddwn yn rhedeg oddi wrth Dduw,
rydyn ni'n dianc rhag bopeth sy'n ein gwneud
yn fyw ac yn rhydd; yn rhedeg oddi wrth ein
hapusrwydd ein hunain.

Rydyn ni'n gadael y fan lle rydyn ni'n perthyn
– yn agos at ei galon e.

'Dewch ataf fi, bawb sy'n flinedig ac yn llwythog, ac fe
roddaf fi orffwystra i chwi.' MATHEW 11:28

PYSGODYN TWP!

Beth petai pysgodyn yn penderfynu, 'Rydw i wedi cael llond bol ar bobl yn dweud wrtha i beth i'w wneud, a mynnu mod i'n byw yn y dŵr. Rydw i eisiau bod yn RHYDD! Rydw i'n mynd i fyw ar y tir!' ac yna'n neidio a glanio ar lan yr afon.

Pa mor bell, tybed, fyddai'r pysgodyn twp yn llwyddo i fynd?

Byddai'n fflapian ei esgyll – ond dydy esgyll ddim yn gweithio ar dir sych. Buan iawn y byddai'n brwydro am anadl – ac yn marw.

Pa mor rhydd ydy'r pysgodyn ar dir sych?

Ddim o gwbl. Dydy e ddim wedi'i greu ar gyfer hynny.

A dydyn ninnau ddim wedi'n creu i fod yn bell oddi wrth ein Tad Nefol.

'Felly os yw'r Mab yn eich rhyddhau chwi, byddwch yn rhydd mewn gwirionedd.' **IOAN 8:36**

NEWYDDION DA!

Yn yr Oesoedd Canol, wyddoch chi sut roedd pobl yn derbyn newyddion da? Byddai rhywun yn canu trwmped i adael i chi wybod, 'Mae'r frwydr wedi'i hennill!'

Mae newyddion da yn golygu dweud wrthoch chi am rywbeth gwych sydd wedi digwydd – rhywbeth mor rhyfeddol fel bod eich calon yn llawn llawenydd wrth ei glywed.

Mae'r Beibl yn galw'r straeon gwir am fywyd Iesu yn 'Newyddion Da'.

Ond pam maen nhw'n Newyddion Da? Oherwydd eu bod yn dweud wrthon ni beth mae Iesu wedi'i wneud i ddod â ni'n ôl adref at Dduw. Maen nhw'n dweud wrthon ni bod ein Hachubwr wedi cyrraedd! A bod y frwydr wedi'i hennill!

'. . . yr wyf yn cyhoeddi i chwi y newydd da am lawenydd mawr a ddaw i'r holl bobl: ganwyd i chi heddiw . . . Waredwr . . .' **LUC 2: 10–11**

DIM NYTHOD ADAR!

Weithiau, mae meddyliau drwg yn glanio yn eich pen o unman. Ydy cael meddyliau drwg yn bechod?

Pan gafodd Iesu ei demtio yn yr anialwch, sibrydodd Satan bethau ofnadwy wrtho i'w demtio i ffwrdd oddi wrth Dduw.

Nid y meddyliau drwg sy'n bwysig, ond sut rydyn ni'n eu defnyddio nhw. Gwrthododd Iesu wrando ar y meddyliau drwg, na'u credu. Anfonodd nhw yn bell i ffwrdd.

Yn ôl yr hen ddywediad, 'Does dim modd osgoi cael adar yn glanio ar eich pen. Ond does dim rhaid i chi adael iddyn nhw adeiladu nythod yn eich gwallt!'

'Felly yr ydym yn . . . cymryd pob meddwl yn garcharor i fod yn ufudd i Grist.' **2 CORINTHIAID 10:5**

TEITL DUW

Fel arfer, fel hyn mae rhywun pwysig yn cael ei gyflwyno: 'Mr Peth-a'r-Peth – Sylfaenydd y Cwmni Pwysig Hwn!' neu 'Miss Be-chi'n-galw – Dyfeisydd y Peth Anhygoel Yma!'

Wyddoch chi sut mae Duw'n hoffi cael ei gyflwyno?

'. . . yr Arglwydd yw ei enw . . . Tad yr amddifaid ac amddiffynnydd y gweddwon . . .' **SALM 68:4, 5**

Mae'r Duw Hollalluog – fu'n rhidyllu'r sêr rhwng ei fysedd – yn sefyll nid gyda brenhinoedd a thywysogion, ond gyda'r gwan, y di-rym a'r tlawd.

Oherwydd mae gan y bobl sy'n gwbl ddibwys, yng ngolwg rhai, le arbennig yng nghalon Duw. Mae'n clywed eu cri. Mae'n ymladd drostyn nhw ac yn eu hamddiffyn.

Ac un noson ym Methlehem, ymhell, bell yn ôl, camodd o'r nefoedd a dod yn un ohonyn nhw.

YDYN NI'N NIWSANS I DDUW?

Ydych chi weithiau'n teimlo na ddylech fod yn niwsans i Dduw? Yn meddwl ei fod e'n rhy brysur i wrando? Yn ofni eich bod yn gofyn rhywbeth rhy ddibwys?

Dywedodd Iesu fod Duw am i ni ddod ato ef, fel mae plentyn yn dod at ei dad. Pan rydyn ni'n ofnus . . . yn poeni . . . yn drist . . . yn hapus. Sut bynnag rydyn ni'n teimlo – does dim ots. Mae e am i ni ddod ato bob amser.

Mae rhai'n credu nad ydy Duw am i ni ei boeni byth a hefyd.

Ond wyddoch chi sut i boeni Duw?

Trwy beidio â dod ato o gwbl.

'Pan elwi, bydd yr Arglwydd yn ateb, a phan waeddi, fe ddywed, "Dyma fi."' **ESEIA 58:9**

I FFWRDD Â NI!

Beth sy'n rhaid i roced ei gael i'w
hyrddio i'r gofod? Safle lansio,
wrth gwrs.

Wyddoch chi beth ydy safle
lansio Duw yn ein bywydau ni –
un y gall ei ddefnyddio i wneud
UNRHYW BETH?

Ffydd gref? Neu ein record
berffaith ni?
Dewrder anhygoel?

Nage – ein gwendid ni.

Mae nerth Duw yn dod atom
yn ein bychander, yn ein cyflwr
bregus, yn y ffaith nad ydyn ni'n
gwybod, nac yn abl.

A beth, tybed, sy'n digwydd pan
fydd nerth Duw yn cwrdd â'n
gwendid ni?

I ffwrdd â ni!

'Digon i ti fy ngras i; mewn gwendid y
daw fy nerth i'w anterth.'
2 CORINTHIAID 12:9

GORFFWYS A DIBYNNU

Pan oeddech chi'n blentyn bach, gawsoch chi'ch cario gan rywun? Wnaethoch chi orffwys eich pen ar ei ysgwydd, a rhoi eich holl bwysau arno?

Ffydd ydy rhoi eich holl bwysau ar Dduw. Gorffwys eich pen ar ei ysgwydd.

Ystyr ffydd ydy gorffwys – dibynnu – nid ar bwy ydyn ni, na'r hyn allwn ni ei wneud, na sut rydyn ni'n teimlo, na beth rydyn ni'n ei wybod.

Ffydd ydy gorffwys yn Nuw, a'r hyn mae e wedi'i wneud.

Ac mae e wedi gwneud POPETH.

'Felly yr ydym ni wedi dod i adnabod a chredu'r cariad sydd gan Dduw tuag atom.' **1 IOAN 4:16**

FEL'NA MAE HI!

Wrth feddwl am reswm dros rywbeth,
fyddwch chi'n dweud, 'Fel'na mae hi'?

Mae Duw'n dweud, 'Rydw i'n dy garu di –
fel 'na mae hi!'

Dydy e ddim yn dweud, 'Rydw i'n dy garu
di am dy fod yn garedig' neu, 'Am dy fod
yn gymwynasgar' neu, 'Am dy fod yn cael
marciau da' neu 'Am dy fod ti'n fy ngharu i'.

Mae Duw'n dweud, 'Rydw i'n dy garu di –
am mod i'n dy GARU di!'

Pe bai Duw'n eich caru am fod yn garedig,
petaech chi'n stopio bod yn garedig, byddai
yntau'n stopio eich caru. Neu os byddai e'n
eich caru am eich bod yn ei garu e, beth
petaech chi'n stopio ei garu?

Meddai Duw, 'Rydw i'n dy garu di – fel 'na
mae hi!'

'Nid am eich bod yn fwy niferus na'r holl bobloedd
yr hoffodd yr Arglwydd chwi a'ch dewis . . . Ond am
fod yr Arglwydd yn eich caru . . .'
DEUTERONOMIUM 7:7, 8

CWCH ACHUB

Ydych chi weithiau'n teimlo nad oes dim byd yn
mynd yn iawn i chi?

Pan fo pethau'n mynd o chwith, mae Duw'n
gwybod ein bod yn dyfalu: Ydy Duw'n poeni
amdana i? Oes yna unrhyw beth y gall e ei
wneud, beth bynnag?

Felly mae Duw yn gwneud yr addewid yma i chi
– cwch achub ar gyfer ei blant mewn storm fawr:

> Dydw i ddim am wneud niwed i chi.
> Mae gen i Gynllun Da i chi,
> a Dyfodol Disglair.
> Rydw i'n cynllunio pethau gwych
> ar eich cyfer!

Dydy pethau ddim bob amser fel maen nhw'n
ymddangos.

Ond mae Duw bob amser yn cynllunio
rhywbeth mawr – rhywbeth da.

' "Oherwydd myfi sy'n gwybod fy mwriadau a drefnaf
ar eich cyfer," medd yr Arglwydd, "bwriadau o
heddwch, nid niwed, i roi ichwi ddyfodol gobeithiol." '
JEREMEIA 29:11

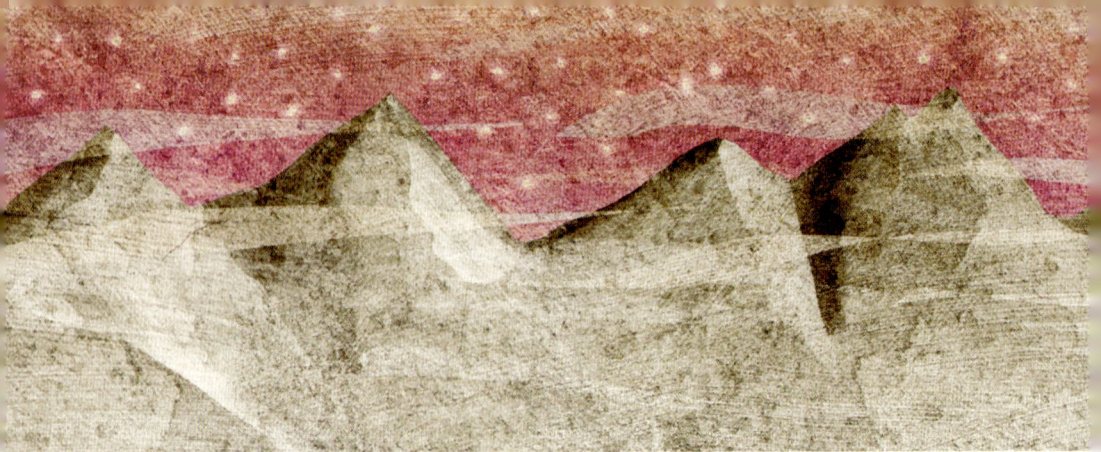

CYMYLAU, MYNYDDOEDD A SÊR

Pan fydd cymylau yn yr awyr, ydych chi wedi sylwi
bod y sêr a'r mynyddoedd weithiau'n diflannu?

Am eiliad, mae'n edrych fel petai 'run seren yn
disgleirio, na 'run mynydd yn sefyll.

Ydy'r mynyddoedd wedi symud? Ydy'r sêr wedi colli eu
disgleirdeb?

Nac ydyn – y cymylau sy'n eu cuddio.

Gall teimladau fod fel cymylau, yn cuddio pethau oddi

wrthon ni. Weithiau maen nhw'n dweud wrthym nad ydy Duw yn poeni. Neu ei fod yn bell i ffwrdd.

Dywedodd Amy Carmichael, 'Dydy'n teimladau ni ddim yn dylanwadu ar ffeithiau Duw.'

Mae'n teimladau ni'n mynd a dod. Ond mae Duw'n aros yr un fath. Mae ei addewidion ef yn dal i ddisgleirio.

'. . . y mae Duw yn fwy na'n calon, ac y mae'n gwybod pob peth.'
1 IOAN 3:20

Y FESEN BWERUS

Peth pitw bach ydy mesen. Wrth edrych ar un, byddech yn meddwl ei bod yn wan a hynod ddibwys.

Ond allan o un fesen fach gall clamp o dderwen fawr dyfu.

Ac allan o un dderwen fawr, gall coedwig gyfan dyfu!

Y tu mewn i un fesen fach, mae yna goedwig gyfan. Ac mae'r Beibl yn dweud hyn: oherwydd Iesu, mae holl gyfoeth Duw – holl adnoddau cyfoethog y nefoedd, a holl bŵer y bydysawd – wedi dod i fyw y tu mewn i chi.

'Yr ydym yn deisyf ar ichwi gael eich grymuso â phob grymuster, yn ôl nerth ei ogoniant ef . . .'
COLOSIAID 1:11

EISOES . . . OND DDIM ETO!

Rydyn ni'n byw rhwng Eisoes a Ddim Eto.

Mae Iesu EISOES wedi'n hachub rhag cosb am bechu. Rydyn ni wedi cael maddeuant, ac yn rhydd!

Ond mae'r byd yn dal yn doredig. Rydyn ni'n dal i bechu. Ac yn marw. Nid fel hyn y bwriadwyd pethau i fod.

Un diwrnod – ond DDIM ETO – bydd Iesu'n dod yn ôl. Nid fel babi y tro hwn, ond fel Brenin yr holl fyd. Bryd hynny, bydd yn trwsio'i fyd toredig. Fydd dim rhagor o ddagrau, na salwch, na marwolaeth. Bydd y coed, hyd yn oed, yn canu mewn llawenydd!

Wrth aros, mae Duw am i ni gofio hyn: wnaiff pechod, salwch, dagrau a marwolaeth ddim para. Byddan nhw'n dod i ben.

Ond bydd llawenydd, cariad, a bywyd – a chithau – yn para am BYTH.

'Y mae'r nos ar ddod i ben, a'r dydd ar wawrio.'
RHUFEINIAID 13:12

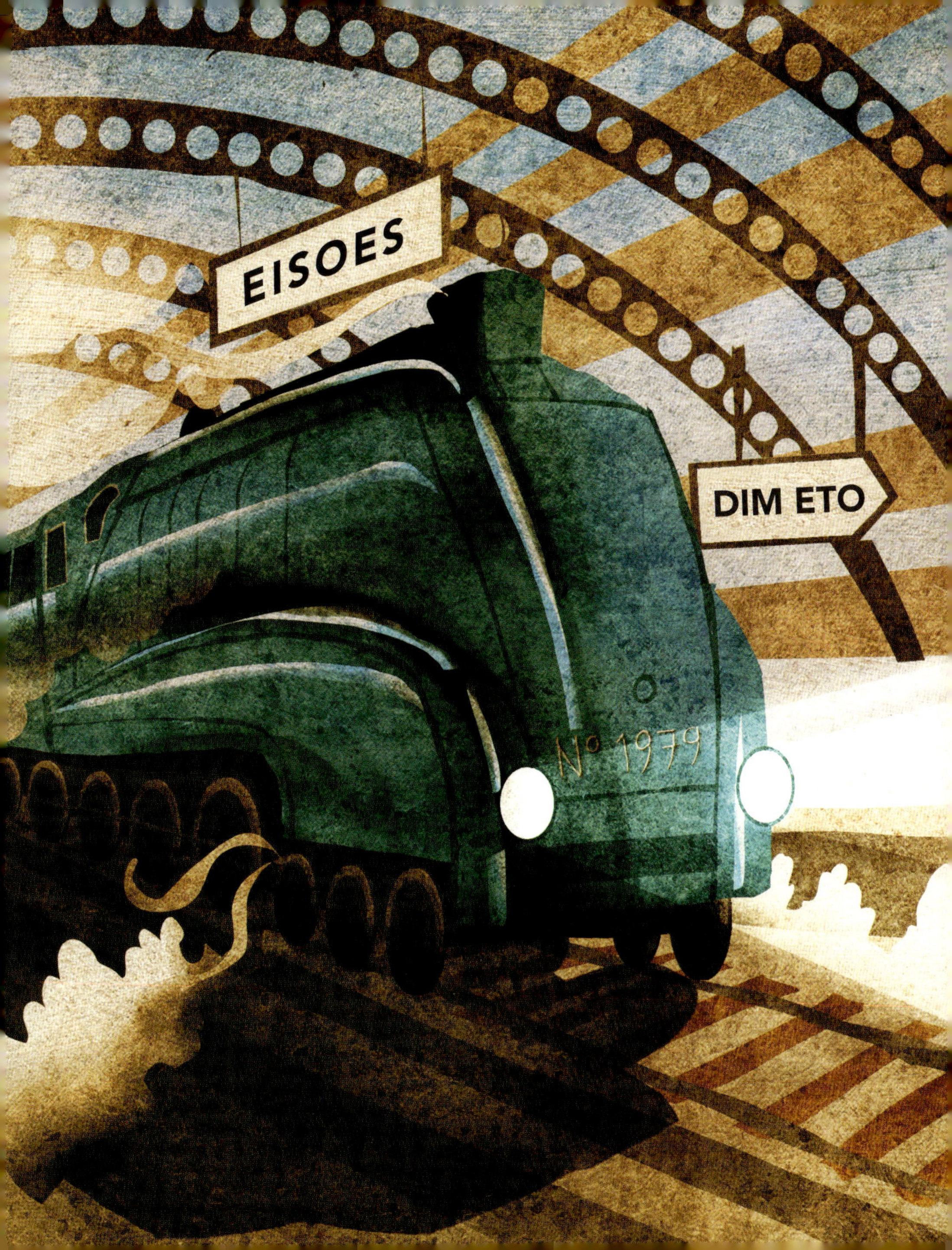
EISOES
DIM ETO
No 1979

Y LLEW A'R OEN

Rhyw ddydd, medd y Beibl, ar ddiwedd amser, pan ddaw Duw i ail-greu'r byd yn ôl y cynllun gwreiddiol, bydd y llew yn gorwedd i lawr gyda'r oen.

Beth? Mae hynny'n amhosibl! Byddai llew yn bwyta oen bach!

Ond mae Duw'n dweud hyn – pan fydd e'n gwneud y byd yn gartref perffaith i ni unwaith eto, bydd hyd yn oed y pethau amhosibl yn dod yn wir.

Mae Duw'n dad-wneud popeth trist ac yn gwneud diwedd y byd yn achlysur hapus. A beth am yr holl freuddwydion gawson ni ar ein cyfer ein hunain? Dydyn nhw'n ddim ond cysgodion o'r breuddwydion gwych gafodd Duw ar gyfer ei blant.

'Yn wir, y mae'r greadigaeth yn disgwyl yn daer am i blant Duw gael eu datguddio.' **RHUFEINIAID 8:19**

GOBAITH

Wrth ddefnyddio'r gair 'gobaith', rydyn ni'n dweud pethau fel, 'gobeithio y byddwn ni'n ennill!' – fel petaen ni'n gobeithio am rywbeth nad ydyn ni'n rhy sicr ohono.

Ond, yn y Beibl, mae gobaith yn golygu bod yn gwbl sicr y bydd rhywbeth yn digwydd.

Dywedodd un gweinidog y gallwn roi ein gobaith mewn tri pheth os ydyn ni'n perthyn i Iesu:

1. Bydd Duw yn troi hyd yn oed y pethau drwg er eich lles chi, yn y diwedd.
2. Ni all neb gymryd eich pethau da chi oddi arnoch.
3. Mae'r pethau gorau eto i ddod.

Dydy hynny ddim yn golygu bod popeth yn hapus yn ein stori ni heddiw. Ond mae Duw'n rhoi diwedd hapus i stori'r byd – a stori ei blant.

'A bydded i Dduw, ffynhonnell gobaith, eich llenwi â phob llawenydd a thangnefedd . . . nes eich bod . . . yn gorlifo â gobaith.' **RHUFEINIAID 15:13**

ANOBEITHIOL

Tybed â pha anifail mae pobl yn cael eu cymharu yn y Beibl – 400 o weithiau?!

Yr ateb, yn anffodus, ydy dafad.

Dydy defaid ddim yn greaduriaid clyfar iawn. A dweud y gwir, maen nhw'n dwp.

Weithiau maen nhw'n cwympo, yn methu codi, ac yn gorwedd yn eu hunfan!

Ac maen nhw byth a hefyd yn disgyn oddi ar glogwyni. Neu'n mynd yn sownd mewn llefydd peryglus. Neu'n bwyta pethau gwenwynig. Neu'n cael dolur, neu'n mynd ar goll. Neu'n methu dod o hyd i'w ffordd adref!

Felly, mae defaid yn gwbl anobeithiol ar eu pennau eu hunain. Rhaid iddyn nhw gael bugail.

Mae Duw'n dweud ein bod ninnau'n anobeithiol ar ein pennau'n hunain. Ac mae angen Bugail i ofalu amdanom.

Dyna pam y rhoddodd e Iesu i ni.

'Y mae'n porthi ei braidd fel bugail, ac â'i fraich yn eu casglu ynghyd . . .' **ESEIA 40:11**

YN AGOS AT EI GALON

Hyd yn oed pan ddaw'r bugail o hyd i'r ddafad golledig, bydd hi'n protestio'n wyllt! Does gan y bugail ddim dewis ond gafael ynddi, ei hyrddio ar lawr, clymu'i choesau, a'i chodi dros ei ysgwyddau i'w chario'n ôl adre.

Dydy'r ddafad druan ddim yn deall – mae hi'n credu ei bod ar fin cael ei lladd!

Ond, mewn gwirionedd, mae'r bugail yn achub ei bywyd.

Weithiau, dydyn ninnau ddim yn deall beth mae Duw'n ei wneud yn ein bywydau. Gall ymddangos fel petai Duw'n ein brifo.

Ond gallwch ymddiried yn llwyr yn eich Bugail. Mae e'n eich caru, ac yn eich cario'n agos at ei galon.

'. . . y mae'n cludo'r ŵyn yn ei gôl, ac yn coleddu'r mamogiaid.' **ESEIA 40:11**

Y BUGAIL DA

[Meddai Iesu,] 'Myfi yw'r bugail da . . .
Ac yr wyf yn rhoi fy einioes dros y defaid.'
IOAN 10: 14, 15

Peidiwch ag ofni, fy Niadell Fach –
Fi ydy eich Bugail Da.
Mae gennych bopeth sydd arnoch ei
angen.
Pan fyddwch yn llwgu,
Byddaf i'n eich bwydo.
Pan fyddwch yn sychedig,
Rhoddaf ddŵr i chi i'w yfed.
Pan fyddwch wedi blino,
Dof â chi i le cysgodol, braf,
Lle gallwch orffwys.
Byddaf yn eich achub chi.
Yn eich amddiffyn chi.
Yn eich caru chi.

AR GOLL

Mae defaid yn rhai gwael am fynd ar goll –
ond beth am ddarn o arian?

Adroddodd Iesu stori am wraig oedd wedi colli
darn o arian, a throi'r tŷ wyneb i waered wrth
chwilio amdano.

Allai'r darn arian wneud unrhyw beth i helpu'r
wraig? Neu chwilio am ei berchennog?
Dim gobaith!

Yn ôl y Beibl, rydyn ni mor anobeithiol â darn
o arian sydd ar goll. Os down ni o hyd i Dduw,
mae hynny am ei fod e wedi dod o hyd i ni'n
gyntaf. Agorodd ein calonnau iddo er mwyn i
ni gredu ynddo ef.

Nid y ni sy'n gwneud rhywbeth i ddod o hyd i
Dduw.

Mae Duw wedi gwneud popeth posibl i ddod
o hyd i ni!

'Yr ydym ni'n caru, am iddo ef yn gyntaf ein caru ni.'
1 IOAN 4:19

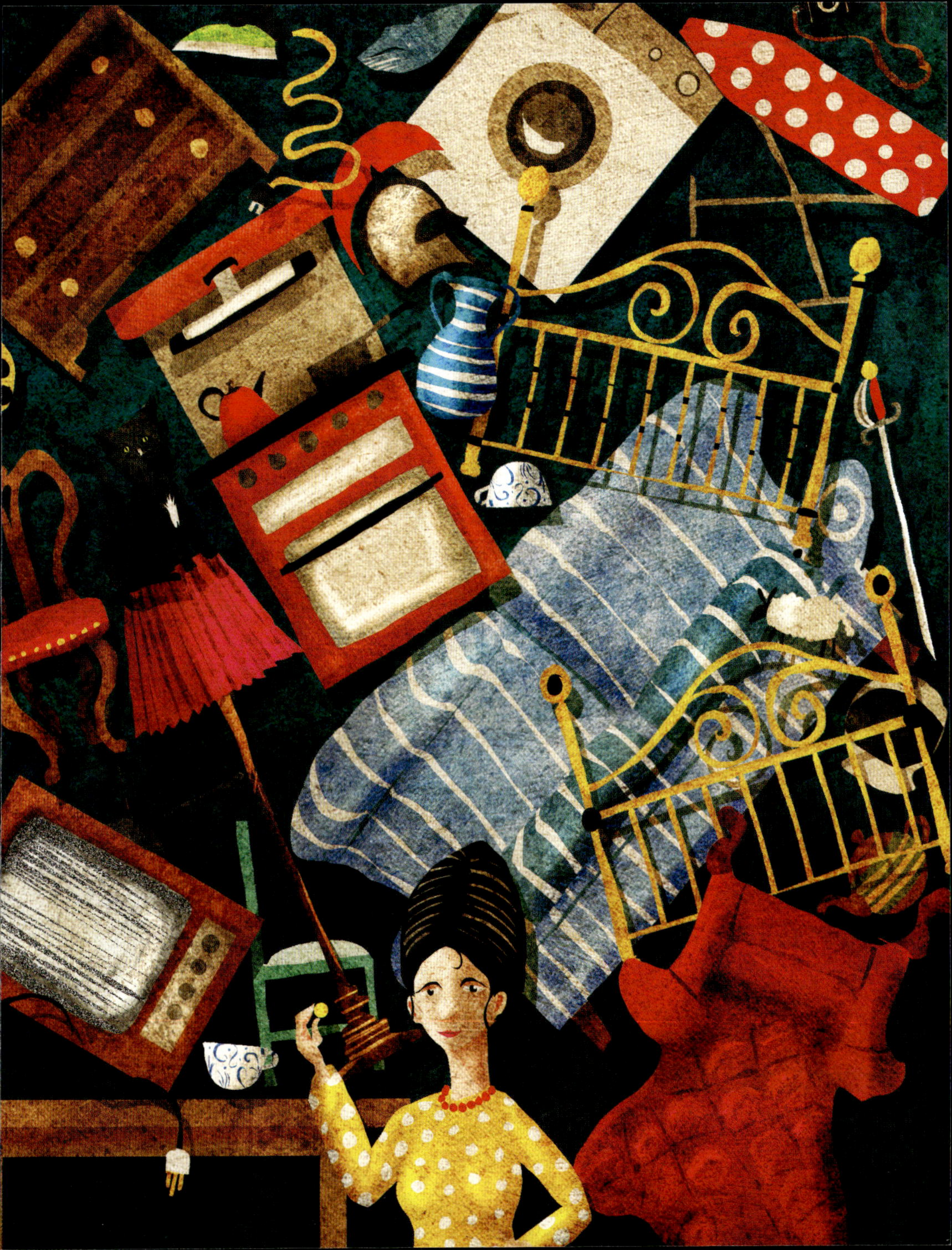

SAETHAU GWEDDI

Ydych chi'n poeni nad ydy'ch gweddïau'n ddigon hir? Neu bod angen cynnwys rhagor o eiriau arbennig?

Yn y Beibl, mae llawer o weddïau byr – rhy fyr i'w cwtogi. 'Helpa fi, Arglwydd!' 'Arglwydd, achub fi!' Saethau gweddi ydy'r rhain, i'w hanfon yn syth at Dduw.

Un noson, mewn storm anferth, aeth Iesu at ei ffrindiau oedd mewn cwch ar y llyn – trwy gerdded ar wyneb y dŵr. Roedd Pedr am roi cynnig arni hefyd. 'Tyrd,' meddai Iesu wrtho.

Camodd Pedr o'r cwch a dechrau cerdded ar wyneb y dŵr. Ond edrychodd i lawr, sylweddoli ei fod ar fin suddo, a gweiddi, 'Arglwydd, achub fi!' Gafaelodd Iesu ynddo a'i ddal.

Efallai bod eich gweddi mor fyr fel nad ydy hi'n swnio fel gweddi o gwbl.

Ond mae hi'n ddigon. Mae Duw'n ei chlywed.

'. . . ac wrth ddechrau suddo gwaeddodd,
"Arglwydd, achub fi".' **MATHEW 14:30**

GWNEUD I'CH CALON GANU!

Does 'run peth yn y bydysawd cyfan – dim seren, dim mynydd, dim ci bach, dim blodyn – sydd heb gael ei gynllunio a'i roi i ni gan Dduw. Ac roedd Duw yn bwriadu i bopeth wneud un peth.

Beth, felly?

Gwneud i'ch calon ganu!

Dywedodd John Calvin, 'Does yna'r un glaswelltyn, yr un lliw yn yr holl fyd, nad ydy e wedi'i fwriadu i wneud i ni lawenhau.'

'Gad i ni orfoleddu a llawenhau ein holl ddyddiau.' **SALM 90:14** (aralleiriad)

MARW, DEFFRO

Roedd Duw'n bwriadu i ni fyw am byth. Ond daeth pechod i ddifetha popeth, a nawr bydd pob un ohonon ni'n marw.

Daeth Iesu i ddinistrio marwolaeth. Bu farw ar y groes, a chafodd ei gladdu – ond allai marwolaeth mo'i gadw am byth. Ar y trydydd dydd, cododd Iesu o'r bedd!

Ac ni all marwolaeth ein cadw ninnau'n farw am byth chwaith.

Dywedodd Charles Spurgeon fod Iesu wedi troi'r bedd yn wely, a bod marwolaeth yn debyg i ddeffro o gwsg.

Byddwn ni'n marw. Ond wedyn byddwn yn deffro – fel petaen ni wedi cael noson dda o gwsg – a bydd Iesu'n gafael yn ein llaw i'n harwain i Fywyd sy'n Para am Byth.

[Dywedodd Iesu,] 'Pwy bynnag sy'n credu ynof fi, er iddo farw, fe fydd byw.' **IOAN 11:25**

MORFILOD, MOROEDD, A CHI

Mae'r moroedd mawr dwfn yn dywyll ac yn nerthol – mor ddwfn fel na all pelydrau'r haul, hyd yn oed, dreiddio i'r gwaelodion!

Maen nhw mor enfawr fel eu bod yn gorchuddio bron i dri-chwarter arwynebedd y ddaear!

Er hynny, mae'r Beibl yn dweud bod Duw'n eu dal yng nghledr ei law.

Os gall e ddal y moroedd mawr yng nghledr ei law, gall eich dal chithau hefyd.

'Yn ei law ef y mae dyfnderau'r ddaear, ac eiddo ef yw uchelderau'r mynyddoedd.' **SALM 95:4**

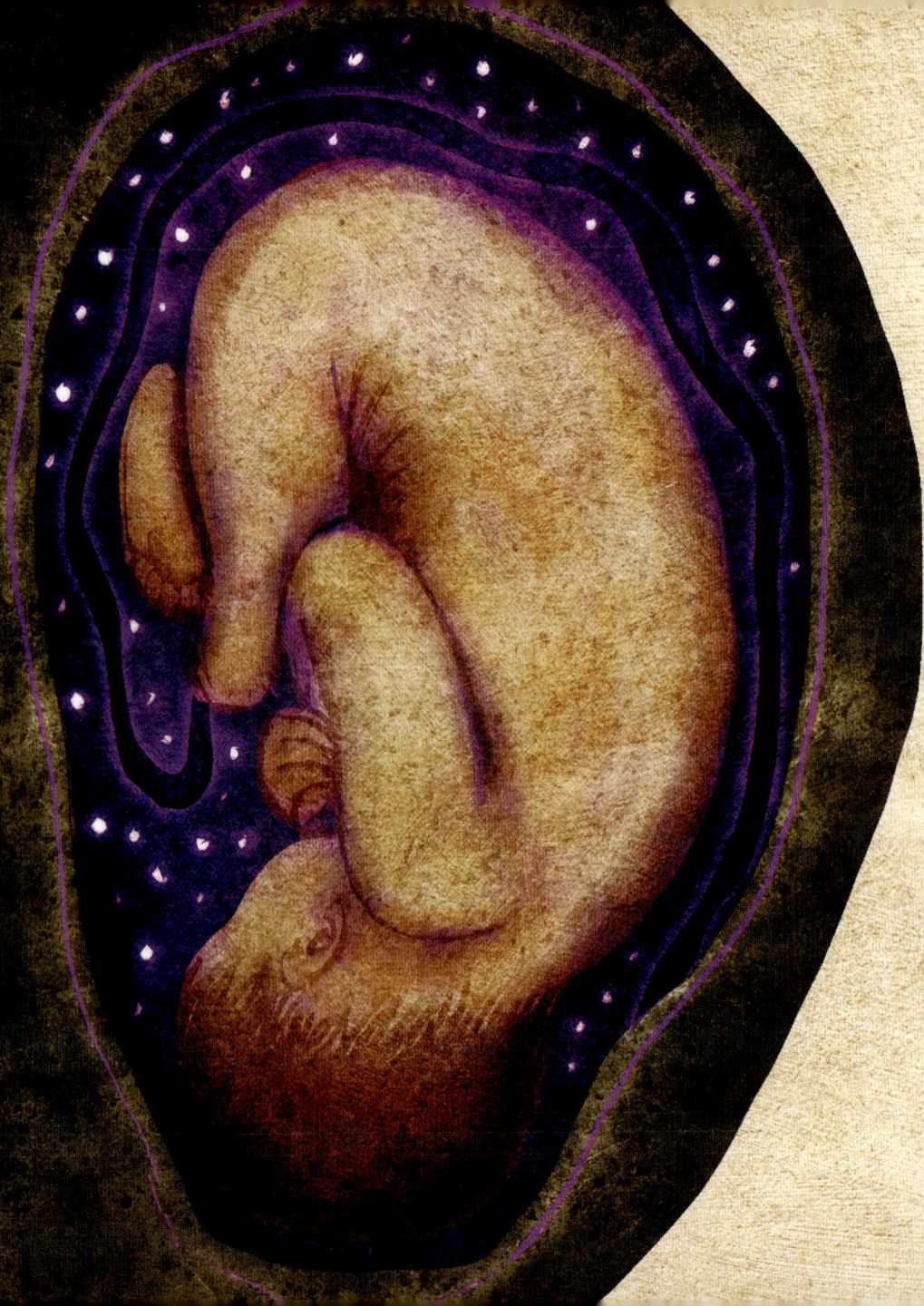

AR BWRPAS

Sut gyrhaeddoch chi'r ddaear, tybed? Ai
damwain oedd y cyfan?

Nage, meddai'r Beibl – nid damwain, ond
cynllun.

Nid cyrraedd yma ar hap wnaethoch chi.
Rhoddodd Duw chi ar y ddaear ar bwrpas.

Roedd Duw am eich cael yma – ar unwaith.
Oherwydd mae ganddo gynllun gwych ar eich
cyfer – rhywbeth na all neb ond chi ei gyflawni.

Cyn dechrau amser, roedd Duw yn gwybod
pob manylyn amdanoch chi – lliw eich llygaid,
eich enw, eich diddordebau, beth fyddwch
chi'n ei wneud bob dydd o'ch oes.

Hyd yn oed cyn eich geni, roedd e'n eich caru.
Dechreuodd y cyfan yng nghalon Duw.

Rydych yn eiddo iddo. Wedi eich creu ganddo.
Wedi eich creu ar ei gyfer.

'Gwelodd dy lygaid fy nefnydd di-lun . . . cafodd fy
nyddiau eu ffurfio pan nad oedd yr un ohonynt . . .'
SALM 139:16

PWY YDYCH CHI?

Pan fyddwch yn cwrdd â rhywun am y tro cyntaf, efallai bydd y person yn gofyn, 'Pwy ydych chi?'

Byddwch chithau'n ateb, 'Wel, Hwn-a-Hwn neu Hon-a-Hon ydw i; rydw i'n byw yn y fan-a'r-fan, ac yn perthyn i . . .'

Ond wyddoch chi pwy ydych chi, yng ngolwg Duw?

Yr un mae Iesu'n ei garu.

'. . . Mab Duw, yr hwn a'm carodd i ac a'i rhoes ei hun i farw trosof fi.' **GALATIAID 2:20**

FY ENW YDY

QUASIMODO DRUAN!

Ydych chi'n credu nad ydych yn ddigon da i
Iesu eich caru?

Ysgrifennodd Victor Hugo stori am gymeriad
o'r enw Quasimodo, oedd mor hyll fel ei fod
yn cuddio mewn clochdy uchel. Roedd yn
ofni y byddai pobl yn ffieiddio wrtho petaen
nhw'n ei weld.

Ond does dim rhaid i ni fod yn debyg i
Quasimodo druan.

Daeth Iesu i'ch arwain chi allan o'r cysgodion.
Mae e'n eich gweld ac yn eich caru yn union
fel rydych chi, nid fel y dylech fod.
Gadewch iddo eich caru – yn union fel
rydych chi.

'Ti yw'r Duw sy'n fy ngweld.'
GENESIS 16:13 *(aralleiriad)*

RHAW AR GOLL

Adeg yr Ail Ryfel Byd, roedd carcharorion rhyfel wrthi'n adeiladu rheilffordd. Ar ddiwedd y dydd, roedd eu rhawiau'n cael eu cyfri. 'Mae un rhaw ar goll!' gwaeddodd y gard.

Gorchmynnwyd y carcharorion i sefyll mewn rhes nes i rywun gyfaddef mai fe oedd yn gyfrifol. Ddywedodd neb 'run gair. Bytheiriodd y gard, ond symudodd neb. 'Bydd pawb yn cael ei ladd os na wnaiff rhywun gyfaddef,' bygythiodd.

O'r diwedd, camodd un dyn ymlaen a dweud mai fe wnaeth. Lladdwyd e yn y fan a'r lle.

Yn nes ymlaen, cafodd y rhawiau eu cyfri eto. Doedd dim un ar goll.

Roedd dyn dieuog wedi aberthu ei fywyd i arbed y gweddill.

Ddwy fil o flynyddoedd yn ôl, camodd dyn dieuog ymlaen ac aberthu ei fywyd drosom.

'Nid oes gan neb gariad mwy na hyn, sef bod rhywun yn rhoi ei einioes dros ei gyfeillion.' **IOAN 15:13**

ACHUBWYD!

Yn ôl y Beibl, mae pechod wedi ein meddiannu ni – a ninnau'n gaethweision iddo. Mae pechod yn ein rhwystro rhag cyflawni ein potensial ym mhob agwedd o'n bywydau – cipiodd ein rhyddid oddi arnom, ac mae ein calonnau mewn cadwynau.

Sut mae caethweision yn llwyddo i ddod yn rhydd? Mae rhywun yn eu 'hachub' nhw trwy dalu'r pris a ofynnir, a'u rhyddhau.

Mae'r Beibl yn dweud bod Iesu wedi ein hachub ni rhag bod yn gaethweision i bechod. Sut, felly?

Talodd y pris i'n cael ni'n ôl.

A beth oedd y pris hwnnw?

Ei fywyd.

'Oherwydd Mab y Dyn . . . ni ddaeth i gael ei wasanaethu ond i wasanaethu, ac i roi ei fywyd yn bridwerth dros lawer.' **MARC 10:45**

RHYDDID!

Roedden ni'n gaethweision i bechod. Ond prynodd Iesu ein rhyddid. A nawr rydyn ni'n rhydd! Ond arhoswch eiliad – ydyn ni'n rhydd i wneud fel y mynnwn?

Ceir stori o gyfnod Rhyfel Cartref America am ddyn a brynodd gaethferch ifanc mewn ocsiwn caethweision. Wrth gerdded oddi yno, trodd y dyn at y ferch a dweud wrthi, 'Rwyt ti'n rhydd!'

'Ydw i'n rhydd i wneud fel y mynnaf?' gofynnodd y ferch mewn syndod.

'Wyt,' atebodd y dyn.

'Ac i ddweud beth bynnag y mynnaf?'

'Unrhyw beth.'

'Ac i fod beth bynnag yr hoffwn fod?'

'Wrth gwrs!'

'A hyd yn oed i fynd lle bynnag y mynnaf?'

'Ie!' chwarddodd y dyn. 'Cei fynd i ble bynnag y mynni.'

Syllodd y ferch arno ac ateb yn syml, 'Yna fe af i gyda ti.'

[Meddai Iesu,] 'Nid wyf mwyach yn eich galw yn weision . . . Yr wyf wedi eich galw yn gyfeillion.'
IOAN 15:15

after Piero Della Francesco.

GORFFENNWYD!

Eiliadau cyn marw ar y groes, gwaeddodd Iesu, 'Gorffennwyd!'

Beth oedd wedi gorffen?

Dyma roedd Iesu'n ei ddweud:

> Popeth sydd ei angen arnoch i ddod adref at Dduw,
>
> Popeth sydd ei angen arnoch i fod yn rhydd ac yn hapus yn Nuw,
>
> Popeth sydd ei angen arnoch i fyw am byth –
>
> Rydw i wedi gwneud y cyfan!

Cri o fuddugoliaeth, nid o anobaith, oedd hon. Roedd y gwaith mawr o'n hachub ni wedi'i gwblhau!

Nawr does dim y gallwch ei wneud i berswadio Duw i'ch caru'n fwy – nac i'w berswadio i'ch caru'n llai.

Gorffennwyd!

'Diolch i Dduw am ei rodd anhraethadwy.'
2 CORINTHIAID 9:15

WYNEB I WAERED

Stori wir am Dduw'n dod i achub ei blant ydy'r Newyddion Da Wyneb i Waered!

Dywedodd Iesu, 'Y ffordd i fod y mwyaf ydy bod y lleiaf. Y ffordd i achub eich bywyd ydy ei roi i ffwrdd.'

Doedd Iesu ddim yn gyfoethog – roedd e'n dlawd iawn.

Ddaeth e ddim i'r byd fel Cadfridog i gipio grym. Daeth fel babi bach.

Ddaeth e ddim i'r byd i fod yn Bennaeth ar bawb. Daeth i fod yn was.

Ac yna – heb ymladd yr un frwydr filitaraidd – fe lwyddodd Tywysog Cudd Duw i goncro'r holl fyd!

'Ond pethau ffôl y byd a ddewisodd Duw er mwyn cywilyddio'r doeth, a phethau gwan y byd a ddewisodd Duw i gywilyddio'r pethau cedyrn.'
1 CORINTHIAID 1:27

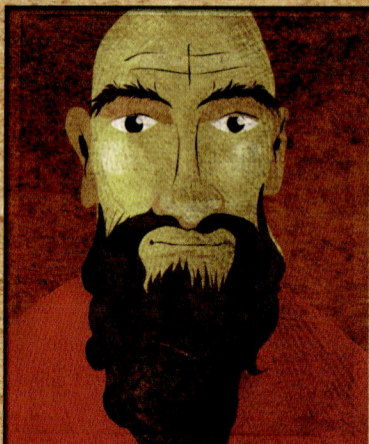

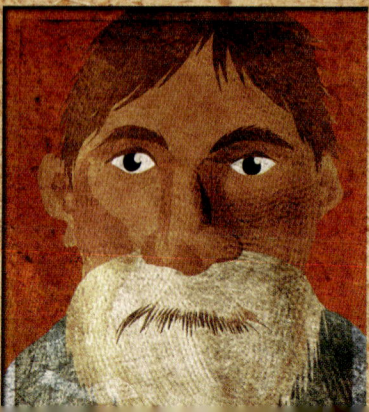

NEWIDIWYD!

'Sut galla i ddod at Dduw?' gofynnodd rhywun. 'Rydw i wedi bod yn rhy ddrwg!'

Ydych chi'n cofio holl Arwyr Mawr y Beibl – Moses, y Brenin Dafydd, a Sant Paul? Beth oedd ganddyn nhw i gyd yn gyffredin, tybed?

Clamp o farf? Ie. (Wel, dyna fel roedd hi yng nghyfnod y Beibl!) Ond beth arall?

Oedden nhw bob amser yn dda? Nac oedden.

Oedden nhw bob amser yn ddewr? Nac oedden.

A dweud y gwir, roedd pob un ohonyn nhw'n llofrudd.

Os gall Duw drawsnewid pechaduriaid ofnadwy fel hyn – troi Moses yn arweinydd doeth; troi Dafydd yn frenin nerthol, a throi Paul yn bregethwr pwysig – meddyliwch beth allai e ei wneud gyda chi.

[Atebodd Iesu hwy,] 'I alw pechaduriaid i edifeirwch, nid rhai cyfiawn, yr wyf fi wedi dod.' **LUC 5:32**

CREDU AC AMAU

'Ond,' meddai rhywun, 'beth os na alla i gredu digon?'

Dychmygwch eich bod yn dringo mynydd, ac yn llithro'n sydyn. Eiliad cyn i chi blymio dros y dibyn, rydych yn gweld cangen o'ch blaen.

Oes raid i chi gredu yn y gangen honno cyn y bydd hi'n eich achub? Nac oes, siŵr – rydych yn ymestyn amdani ac yn cydio'n dynn!

Mae ffydd yn debyg i gydio yn y gangen honno. Rydyn ni'n ymestyn allan at Dduw. Ac mae e'n ein hachub ni.

Ein Duw cryf sy'n ein hachub ni – nid ein ffydd gref.

Nid chi yn cydio yn Nuw ydy ffydd. Ffydd ydy Duw yn cydio ynoch chi.

'Yr wyf yn credu; helpa fi yn fy niffyg ffydd.'
MARC 9:24

YMDRECHU AC YMDDIRIED

Roedd David Martyn Lloyd-Jones weithiau'n gofyn i bobl, 'Ydych chi'n Gristion?'

Os oedden nhw'n ateb, 'Rwy'n ceisio bod!' roedd e'n gwybod nad oedden nhw'n deall. Oherwydd nid ceisio ydy bod yn Gristion, ond ymddiried.

Ymddiried nid yn yr hyn mae'n rhaid i chi ei wneud – ond yn yr hyn mae Duw wedi'i wneud.

Ac mae Duw wedi gwneud POPETH!

'Ond cynifer ag a'i derbyniodd, rhoes iddynt hwy, y rhai sy'n credu yn ei enw, hawl i ddod yn blant Duw . . .'
IOAN 1:12

PEIDIWCH Â BOD YN STYFNIG FEL MUL!

Dydy mulod gwyllt ddim yn hoffi cael eu ffrwyno a'u harwain. Maen nhw'n rhedeg i ffwrdd os dowch chi'n agos, ac yn gwrthod ufuddhau. Maen nhw'n hoffi i chi adael llonydd iddyn nhw fynd eu ffordd eu hunain!

Dydy Duw ddim am i'w blant fod fel mulod – yn ymladd yn ei erbyn ac yn rhedeg i ffwrdd.

Cawsom ein creu i fod yn agos at Dduw.

Anfonodd Duw ei unig Fab i'n tynnu'n agos ato. Aberthodd bopeth er mwyn ein caru ni.

Felly peidiwch â bod fel mul sy'n gwrthod dod yn agos. Gadewch i Dduw eich caru. Eich dysgu. Eich arwain.

Mae e'n gwybod y ffordd.

'Paid â bod fel march neu ful direswm y mae'n rhaid wrth ffrwyn a genfa i'w dofi cyn y dônt atat.'
SALM 32:9

PRESGRIPSIWN DUW

Oes ganddoch chi broblemau heddiw?
Wyddech chi fod gan Dduw Bresgripsiwn ar eu
cyfer?

Dywedodd Corrie ten Boom, a anfonwyd i
wersyll carcharorion rhyfel am achub Iddewon
yn ystod yr Ail Ryfel Byd, 'Gadewch i
addewidion Duw dywynnu ar eich problemau.'

Beth mae Duw wedi'i addo i ni?

Bod gyda ni.
Ein caru bob amser.
Amddiffyn ein calonnau â heddwch,
   fel gwarchodwr.
Cerdded o'n blaenau a'n harwain.
Cerdded y tu ôl i ni a'n hamddiffyn.
Cerdded gyda ni a bod yn ffrind i ni.

Efallai mai dyna ydy ein hunig broblem –
anghofio pa mor fawr yw ein Duw!

'. . . y mae gair yr Arglwydd wedi ei brofi'n bur: y mae
ef yn darian i bawb sy'n llochesu ynddo.' **SALM 18:30**

PAWB! POPETH! POB AMSER!

'Dos i weld Pharo,' meddai Duw wrth Moses. Ond roedd Moses yn swil, ac atal-dweud arno, felly teimlai'n ansicr iawn. Fyddwch chithau weithiau'n teimlo na allwch wneud yr hyn mae Duw'n ei ofyn?

Arhoswch funud . . . pwy soniodd am yr hyn y gallwch chi ei wneud?

Llwyddodd Duw i wneud Moses yn arweinydd mawr – a newid y byd trwyddo ef!

Ydych chi'n poeni heddiw? Oes rhywbeth yn teimlo'n rhy anodd i chi? Yna mae Duw'n gwneud ei addewid Pawb-Popeth-Pob-Amser i chi:

'Drwy'r amser, ym mhopeth, rydw i'n anfon atoch y cyfan sydd arnoch ei angen, fel y gallwch chi wneud popeth rydw i'n ei ofyn i chi.' **2 CORINTHIAID 9:8** (aralleiriad)

Dim ots pwy ydych chi, na beth allwch chi ei wneud.

Ond mae ots pwy ydy Duw, a beth all e ei wneud.

Ac mae e'n gallu gwneud POPETH!

OND RYDYN NI'N COLLI'N WINWNS!

Roedd pobl Dduw yn gaethweision yn yr Aifft, felly achubodd Duw nhw.

Roedd Duw wedi rhannu'r môr, symud cwmwl, ac anfon colofn o dân. Rhoddodd ddŵr o garreg i'r bobl, ac anfon bara o'r nefoedd.

Ond eto doedden nhw ddim yn ddiolchgar. 'Mae Duw'n ein casáu!' meddent.

Er bod Duw wedi eu hachub, roedden nhw'n cwyno, 'Ond rydyn ni'n colli'n winwns!'

Weithiau rydyn ni'n debyg i'r bobl anniolchgar
hynny oedd yn cwyno am yr winwns. Pechod ydy
methu gweld mai rhodd gan Dduw ydy popeth sydd
ganddon ni. Dyna pam mae Duw wastad yn dweud
wrthym am ddiolch iddo.

Pam mae arno angen i ni ddiolch iddo?

Does arno ef ddim angen hynny. Ond mae angen i ni
ddweud diolch.

Mae Duw'n gwybod y bydd hynny'n ein gwneud yn
hapus.

'Diolchwch i'r Arglwydd, oherwydd da yw . . .'
1 CRONICL 16:34

PAM Y DYLEN NI BOENI?

Beth ydy ystyr poeni? Poeni ydy meddwl ein
bod ni'n gwybod yn well na Duw beth ddylai
ddigwydd.
Dywedodd Iesu nad ydy Duw am i'w blant boeni.
'Gwyliwch yr adar bach,' meddai, 'a dysgu gwersi
ganddyn nhw.'

> 'Mae'r arglwydd yn cofio y dryw yn y drain,
> ei lygaid sy'n gwylio y wennol a'r brain;
> nid oes un aderyn yn dioddef un cam,
> na'r gwcw na bronfraith na robin goch gam.

> Mae'n cofio'n garedig am adar y to,
> caiff pob titw bychan ei fwyd yn ei dro;
> ehedydd y mynydd a gwylan y môr
> sy'n derbyn eu cinio o ddwylo yr Iôr.'

– Gomer M. Roberts, 1904–93

'Am hynny rwy'n dweud wrthych, peidiwch â phryderu
am eich bywyd, beth i'w fwyta na'i yfed . . . Edrychwch ar
adar yr awyr: nid ydynt yn hau nac yn medi nac yn casglu
i ysguboriau, ac eto y mae eich Tad nefol yn eu bwydo.'
MATHEW 6: 25–26

GRONYNNAU TYWOD

Ydych chi erioed wedi teimlo mor gyffrous ynghylch rhywbeth nes methu peidio â meddwl amdano?

Mae'r Beibl yn dweud bod Duw yn methu peidio â meddwl amdanoch chi.

Byddai'n amhosib i chi ddyfalu sawl gwaith mae e'n meddwl amdanoch – mae'r ffigur yn fwy na'r holl ronynnau tywod ar lan y môr!

A phob tro mae Duw yn meddwl amdanoch, mae'n ystyried sut y gall e wneud rhywbeth da i chi. Pob dydd a phob nos, mae Duw yn meddwl am ffyrdd o'ch bendithio, eich annog, eich cryfhau, eich helpu.

Gyda Thad Nefol mor gariadus, does dim rheswm i chi fyth deimlo'n ofnus.

'Mor ddwfn i mi yw dy feddyliau, O Dduw, ac mor lluosog eu nifer! Os cyfrifaf hwy, y maent yn amlach na'r tywod . . .' **SALM 139: 17–18**

CYSURWR

[Dywedodd Iesu,] 'Ac fe ofynnaf finnau i'm Tad, ac fe rydd ef i chwi Eiriolwr arall i fod gyda chwi am byth.' **IOAN 14:16**

Yr enw ar Ysbryd Duw ydy 'Cysurwr'. Ydy hynny'n gwneud i chi feddwl am gwilt meddal, cynnes, cyfforddus?

O diar.

Ar dapestri Bayeux, a luniwyd yn 1066, gwelir marchog ar gefn ceffyl, gyda'r geiriau 'Yr Esgob Odo yn cysuro'i fyddin.'

142

Ydy'r Esgob yn rhoi cwiltiau meddal, cyfforddus iddyn nhw? Nad ydy. Edrychwch mewn difri! Mae'n eu pwnio o'r tu ôl â ffon! Anghyfforddus iawn!

Mae Odo'n eu hannog ymlaen, yn eu cymell i ddal ati, a pheidio â digalonni. Oherwydd dydy cysur yn y Beibl ddim yn golygu 'gwneud yn gysurus'. Mae'n golygu 'anfon help'.

Pan fyddwn ni ar fin anobeithio, pan fyddwn yn ofnus, bydd Duw'n anfon ei Ysbryd – y Cysurwr – i'n gwneud yn gryf ac yn ddewr, ac i godi'n calonnau.

Y DYN DEWR

'Ymddangosodd angel yr Arglwydd iddo a dweud wrtho, "Y mae'r Arglwydd gyda thi, ŵr dewr." '
BARNWYR 6:12

Pwy ydy'r Dyn Dewr yma mae'r angel yn siarad ag e? Welwch chi'r llipryn llwyd acw'n cuddio yng ngwaelod y wasg gwneud gwin?

'Dyna'r dyn perffaith ar gyfer y gwaith!' meddai Duw.

Pwy, Gideon – mab ieuengaf a gwannaf llwyth lleiaf Israel? Pam yn y byd y byddai Duw'n ei ddewis e? A pham ei alw'n 'ŵr dewr', o bob enw twp dan haul?

Ond roedd Duw wedi galw Gideon wrth ei enw cywir; gwireddwyd ffydd Duw ynddo, a daeth Gideon yn DDYN DEWR!

Mae Duw yn gweld nid yn unig y person ydych chi, ond y person mae e am ei wneud ohonoch.

SWNIAN AR DDUW

Ydy hi'n iawn i ni swnian ar Dduw?

A'i boeni byth a hefyd?

Mae Duw'n dweud bod yn RHAID inni!

Mae'n dweud wrthon ni am beidio â rhoi llonydd iddo, ond yn hytrach ei atgoffa am yr hyn mae wedi'i wneud ac wedi addo'i wneud – a pheidio â distewi nes y bydd wedi rhoi ateb.

Mae Duw wrth ei fodd pan fyddwn yn gofyn iddo am bethau gwych! Oherwydd mae e'n Frenin – ac mae Brenhinoedd yn hoffi gwneud pethau rhyfeddol, pwerus!

'. . . chwi sy'n galw ar yr Arglwydd, peidiwch â distewi na rhoi llonydd iddo . . .' **ESEIA 62: 6–7**

BYD GWYRTHIOL!

Mae jiráff yn gallu glanhau'i glustiau â'i dafod 21 modfedd o hyd! Nid dylyfu gên mae'r hipo, ond dangos ei ddannedd er mwyn i'r adar eu glanhau! Mae streipiau pob sebra'n wahanol. Tra byddwch chi'n darllen y frawddeg hon, bydd 50,000 o gelloedd yn eich corff wedi marw a rhai newydd wedi cymryd eu lle. Rydyn ni'n byw mewn byd anghredadwy a gwyrthiol!

Yn ôl y Beibl, cysgod yn unig ydy natur o'r hyn fydd e pan ddaw Duw yn ôl i drwsio'i fyd toredig.

Ac os ydy'r byd prydferth hwn yn ddim ond cysgod o'r hyn fydd e pan ddaw Duw yn ôl, tybed pa fath o berson fyddwch chi?

'. . . bydd y mynyddoedd a'r bryniau'n bloeddio canu o'ch blaen, a holl goed y maes yn curo dwylo.'
ESEIA 55:12

Y PENCAMPWR IFANC

'Er mwyn y llawenydd oedd o'i flaen, fe oddefodd ef y groes heb ddiffygio . . .' **HEBREAID 12:2**

Mae'r Beibl yn dweud bod bywyd yn debyg i redeg ras – a dim ond un person erioed sydd wedi rhedeg y ras honno'n berffaith.

Daeth Iesu i'r ddaear fel dyn, a rhedeg ras bywyd. Er bod ei galon wedi torri, ni oedodd am eiliad. Daliodd ati i redeg – hyd yn oed pan oedd y ffordd yn arwain at y groes.

Pam? Oherwydd ei fod yn rhedeg i ennill Gwobr, sef y Llawenydd oedd yn aros amdano.

Pa Wobr? Roedd Iesu'n Dduw – a phopeth ganddo'n barod! Beth arall allai fod arno ei angen? Pa Lawenydd oedd raid iddo ddod i'r ddaear i'w gael, na allai ei ennill heb farw ar y groes?

Chi.

Chi ydy Gwobr Iesu. A'i Lawenydd. Dyna pam roedd e am ennill y ras.

PITW A SGRECHLYD

Pa aderyn fyddech chi'n ei ddewis, allan o'r naw mil o rywogaethau o adar sydd yn y byd? Paun, efallai? Glas y Dorlan? Rhywbeth Ffansi?

Dewisodd Iesu yr aderyn lleiaf, mwyaf swnllyd, salw, di-liw, cyffredin, sgrechlyd – un heb ei gân ei hun, hyd yn oed.

Dewisodd Iesu aderyn y to. Dywedodd mai Duw a greodd pob un, ei fod yn gofalu amdanyn nhw ac yn eu caru.

Mae Duw – a greodd y galaethau di-ri, a gosod y planedau a'r sêr yn eangderau'r nefoedd – yn dweud nad oes yr un aderyn y to yn dod i ddiwedd ei oes fer heb iddo e sylwi.

Os ydy Duw'n gofalu hyd yn oed am aderyn y to bach pitw, meddyliwch gymaint mwy mae e'n gofalu amdanoch chi, ei blentyn.

'Oni werthir dau aderyn y to am geiniog? Eto nid oes un ohonynt yn syrthio i'r ddaear heb eich Tad.' **MATHEW 10:29**

GRISIAU'R GAMLAS

Er mwyn i gwch ar gamlas gyrraedd dŵr ar lefel uwch, rhaid llywio drwy loc (sef grisiau arbennig ar gyfer cychod).

Mae'r cwch yn mynd i mewn i siambr wedi'i selio. Yn araf, mae lefel y dŵr yn codi nes bod y dŵr yn y siambr ar yr un lefel â'r gamlas o'i flaen. Mae'r gatiau'n agor, a'r cwch yn mynd ar ei daith.

Ond yn y loc, does dim modd gweld y gamlas o'ch blaen! Mae'n edrych fel dibyn!

Mae'r Beibl yn dweud na allwn weld popeth mae Duw'n ei wneud yn ein bywydau ni. Os bydd dibyn

o'ch blaen, mae Duw yno i'ch codi allan o berygl. Does mo'r fath beth â dibyn gyda Duw. Dim ond dechreuadau newydd, cudd.

'Gwyddom fod Duw, ym mhob peth, yn gweithio er daioni gyda'r rhai sy'n ei garu . . .' RHUFEINIAID 8:28

LLIWIAU LLACHAR

Wyddech chi nad gwyrdd ydy lliw dail? Dim ond ymddangos felly maen nhw.

Mae dail yn cynnwys cloroffyl – lliw gwyrdd sy'n cipio'r goleuni a'i droi'n fwyd ar gyfer y goeden. Hwnnw sy'n cuddio gwir liw y dail. Yn yr hydref, mae'r coed yn cynhyrchu llai o gloroffyl, a'r gwyrdd yn pylu fel bod y dail yn dangos eu lliwiau go iawn – coch llachar, melyn, ac aur disglair!

Dyna oedd lliwiau'r dail drwy'r amser – ond doedden ni ddim yn gallu eu gweld.

Ac mae'r Beibl yn dweud na fedrwch chithau chwaith weld y cyfan ydych chi.

Ond pan fydd Duw wedi trwsio'i fyd toredig, gallwch fod yn bopeth y bwriadwyd i chi fod. Bydd eich lliwiau go iawn yn amlwg i bawb.

'Yn wir, y mae'r greadigaeth yn disgwyl yn daer am i blant Duw gael eu datguddio.' RHUFEINIAID 8:19

RADAR YN Y NIWL

Does ond un ffordd y gall peilot hedfan awyren
mewn niwl – trwy ymddiried yn ei radar.
Mae radar yn rhoi gwybodaeth am bethau sydd
yno, ond sy'n anweledig.

Meddai Corrie ten Boom, 'Mae ffydd fel radar
sy'n gallu gweld trwy'r niwl.'

Mae ffydd yn gwybod beth sydd yna, ac yn
dweud wrthon ni – hyd yn oed pan na allwn ei
weld â'n llygaid ein hunain.

Er nad ydyn ni'n gallu gweld Duw, mae ffydd
yn dweud wrthym ei fod e yno.

'. . . y mae ffydd yn warant o bethau y gobeithir
amdanynt, ac yn sicrwydd o bethau na ellir eu gweld.'
HEBREAID 11:1

SWATIO DAN EI ADENYDD

Ydych chi'n ofnus weithiau? Gwnewch fel y cywion bach!

Pan fyddan nhw mewn perygl – mewn storm, neu os oes hebog yn hofran uwchben – mae'r iâr yn lledu'i hadenydd ac yn clwcian wrth y cywion. Maen nhw'n rhuthro i swatio o dan ei phlu cynnes.

Mae'r iâr yn lapio'i hadenydd o'u hamgylch i'w cadw'n ddiogel. Does neb na dim all eu cyffwrdd nawr!

Ac fel yr iâr a'r cywion, mae ganddon ninnau Dad Nefol sy'n ein caru ac yn gofalu amdanom.

Pan fyddwn ni'n ofnus, mae'n ein hannog i redeg ato. Gallwn swatio'n glyd o dan ei adenydd. A bydd yntau'n ein hamddiffyn.

'. . . bydd yn cysgodi drosot â'i esgyll, a chei nodded dan ei adenydd . . .' **SALM 91:4**

SIARAD Â CHI'CH HUN!

Pam mae pobl yn teimlo'n anhapus?

Yn ôl David Martyn Lloyd-Jones, maen nhw'n gwrando arnyn nhw'u hunain yn lle siarad â nhw'u hunain.

Wrth ddeffro yn y bore, gallwch wrando ar beth bynnag mae eich meddwl yn ei ddweud wrthoch chi – eich atgoffa, efallai, am rywbeth drwg wnaethoch chi y diwrnod cynt, neu rywbeth rydych chi'n poeni am ei wneud yfory. Wrth wrando, rydych yn teimlo'n ddiflas.

Neu gallech siarad â chi'ch hun – eich atgoffa'ch hun o'r hyn sy'n wir, a phwy ydych chi; dweud pwy ydy Duw a beth mae e wedi'i wneud.

Gallech ddweud rhywbeth tebyg i hyn:

'Mor ddarostyngol wyt, fy enaid, ac mor gythryblus o'm mewn! Disgwyliaf wrth Dduw: oherwydd eto moliannaf ef . . .' **SALM 42:11**

Beth ydych chi'n ei wneud heddiw – gwrando arnoch chi'ch hun, neu siarad â chi'ch hun?

NENDWR

Fyddwch chi weithiau'n teimlo bod dim byd da yn digwydd i chi?

Wrth adeiladu nendwr, mae'r adeiladwyr yn cloddio clamp o dwll. Maen nhw'n mynd at i lawr yn hytrach nag at i fyny! Am fisoedd, dydy'r safle adeiladu'n ddim mwy na thwll yn y ddaear. Yn ôl pob golwg, does dim byd yn digwydd.

Gosod y sylfeini maen nhw – er eu bod allan o'r golwg, dyma sy'n cadw'r cyfan rhag cwympo. Po dalaf ydy'r nendwr, y dyfnaf mae'n rhaid iddyn nhw gloddio.

Maen nhw'n cloddio i lawr er mwyn adeiladu i fyny.

Mae'r Beibl yn dweud y bydd Duw yn cymryd y pethau drwg fydd ddim yn para, a'u defnyddio i greu rhywbeth da – gan adeiladu rhywbeth hardd ynddon ni fydd yn para am byth.

Mae'n cloddio i lawr er mwyn adeiladu i fyny.

'Oherwydd y baich ysgafn o orthrymder sydd arnom yn awr, darparu y mae, y tu hwnt i bob mesur, bwysau tragwyddol o ogoniant i ni . . .' **2 CORINTHIAID 4: 17**

CYNLLUN BRWYDR DUW

Roedd y Brenin Jehosaffat yn poeni.

Fedrwch chi ddim gweld bai arno. Roedd tair gwlad yn gorymdeithio yn ei erbyn. Doedd gan bobl Dduw ddim gobaith. Beth allai Jehosaffat ei wneud?

Anfon ei gadfridogion dewraf? Neu filwyr â chleddyfau a gwaywffyn? Nage.

Anfonodd y brenin gôr bach. A chân neu ddwy. Beth?!

'Diolchwch i'r Arglwydd!' canodd y côr. 'Mae ei gariad e'n para am byth!'

Roedd y gelynion wedi cael cymaint o sioc, dechreuon nhw ymladd ymhlith ei gilydd. Erbyn i'r côr gyrraedd maes y gad, roedd y gelynion wedi ffoi.

Pan fydd plant Duw yn canu iddo, mae e wrth ei fodd. Mae ei lawenydd yn cael gwared â'r gelyn.

Oes rhywbeth yn eich poeni chi heddiw?

Wel, fe wyddoch beth i'w wneud!

'Canwch iddo . . .' **SALM 105:2**

CHWIFIWCH Y FANER!

Sut gwyddoch chi fod y brenin neu'r frenhines gartref? Mae baner yn chwifio ar y tŵr i ddweud wrth bawb ei fod e neu hi yno.

Mae'r Beibl yn dweud bod Iesu, wrth ddod i fyw yn eich calon, yn dod â'i faner ei hun gydag e. Mae hi'n chwifio dros eich bywyd, gan ddangos i bawb bod y Brenin gartref.

Beth ydy Baner Iesu?

Yn ôl yr awdur G.K. Chesterton, hon ydy 'cyfrinach fawr y Cristion'.

Beth ydy'r gyfrinach honno?

Llawenydd.

'. . . ceir o'i mewn lawenydd a gorfoledd, emyn diolch a sain cân.' **ESEIA 51:3**

MATHEMATEG DUW

Wyddoch chi beth ydy Mathemateg Duw? Mae'n wahanol iawn i'n mathemateg ni!
Er enghraifft:

>5 torth + 2 bysgodyn = digon i fwydo 5,000 (a digonedd dros ben)

>1 ddafad golledig = mor werthfawr â 99 dafad

Dywedodd Duw wrth Gideon, arweinydd byddin Duw, 'Mae dy fyddin o 32,000 o filwyr yn rhy fawr i drechu'r Midaniaid.' Rhy fawr? Am beth od i'w ddweud!

Roedd Duw wedi dweud wrth Gideon ddwywaith am leihau ei fyddin er mwyn ei gwneud yn ddigon bychan i ennill y frwydr. Digon bychan?

Roedd Duw am sicrhau bod byddin Gideon yn ennill, ond roedd am iddyn nhw ddibynnu ar ei nerth e, nid ar eu nerth eu hunain.

Roedd byddin Gideon o 300 o ddynion yn llawer iawn llai na byddin y Midianiaid. Ond cofiwch am Fathemateg Duw:

>Duw + dim byd = popeth
>Popeth − Duw = dim byd

'"Nid trwy lu ac nid trwy nerth, ond trwy fy ysbryd," medd Arglwydd y Lluoedd.' **SECHAREIA 4:6**

HEDDIW

Bob bore, rydyn ni'n dechrau
diwrnod newydd sbon. Pwy ŵyr
beth fydd yn digwydd?
Mae Duw'n gwybod.
Dyna pam mae'n dweud wrthym
am beidio ag ofni. Mae e eisoes
wedi mynd o'n blaenau i'r diwrnod
newydd. Mae'n gwybod y ffordd, yn
gwybod beth fydd yn digwydd, yn
gwybod ein hanghenion.
Gallwn roi ein diwrnod yn ei ofal
e. A gadael iddo gyflwyno i ni beth
bynnag sydd gan y dydd i'w gynnig.
Yna, fin nos, gallwn roi ein diwrnod
yn ôl yn llaw Duw. A throsglwyddo
popeth a ddigwyddodd i'w ofal e.

'Bydd yr Arglwydd yn mynd o'th flaen, a
bydd ef gyda thi: ni fydd yn dy adael nac
yn cefnu arnat.'
DEUTERONOMIUM 31:8

RHIF FFÔN DUW

Wyddoch chi beth ydy rhif ffôn Duw?

Dyma fe – Jeremeia 33:3.

Gallwch alw'r rhif unrhyw bryd. Dydy'r llinell byth yn brysur. Fydd dim rhaid i chi adael neges. Bydd e wastad yn codi'r ffôn.

Mewn gwirionedd, mae Duw'n dweud ei fod yn aros am eich galwad. Mae'n awyddus i chi ei ffonio oherwydd mae ganddo bethau gwych i'w dweud wrthoch chi.

Mae'n hiraethu am glywed eich llais. Ddydd ar ôl dydd, mae'n aros.

Felly ffoniwch e – Jeremeia 33:3!

Mae Duw ar dân eisiau dweud pethau gwych wrthoch chi.

'"Galw arnaf, ac atebaf di: mynegaf i ti bethau mawr a dirgel na wyddost amdanynt."' **JEREMEIA 33:3**

PEIDIWCH AG OFNI!

Yn y Beibl, pan mae Duw'n siarad â'i blant, wyddoch chi beth mae e fel arfer yn ei ddweud gyntaf?

'Helô'? 'Shwmai'?

Nage. Mae'n dweud 'Peidiwch ag ofni!'

Dydy Duw ddim am i'w blant fyw mewn ofn – hyd yn oed am eiliad. Mae'n awyddus iddyn nhw ymddiried ynddo.

Ydych chi'n poeni am rywbeth heddiw? Oes rhywbeth yn eich dychryn?

Mae Duw'n dweud, 'Peidiwch ag ofni. Rydw i yma gyda chi. Fe wna i eich helpu.'

Beth bynnag sy'n eich poeni, gallwch ei roi yn nwylo Duw.

'"Codwch eich calon," meddai, "myfi yw: peidiwch ag ofni."' **MATHEW 14:27**

GWYLLT A PHERYGLUS

Beth ydy'r peth anoddaf yn y byd i'w ddofi?
Llew? Nage.

Dyma gliw i chi – mae'n fychan.

Morgrugyn? Nage. Mae'r Beibl yn dweud bod
y peth yma mor beryglus fel y gall roi coedwig
ar dân. Hwn hefyd ydy'r peth cryfaf yn y corff
dynol.

Coes? Nage. Mae e reit o dan eich trwyn chi.

Yr ateb ydy: tafod.

Mae'r Beibl yn dweud bod y tafod yn debyg i'r
llyw ar long fawr. Gall lywio eich holl fywyd.
Mae'r hyn ddywedwn ni yn ein harwain i'r lle
rydyn ni'n mynd. Gall ein geiriau wneud niwed
ofnadwy. Maen nhw'n brifo pobl. A does dim
modd eu tynnu'n ôl. Byth.

Beth allwn ni ei wneud?

Gelwir Iesu'n Air y Bywyd – pan mae e'n
siarad, mae bywyd yn digwydd.

Gwrandewch arno. Bydd e'n iacháu eich calon
– a'ch geiriau.

'O Arglwydd, gosod warchod ar fy ngenau, gwylia dros
ddrws fy ngwefusau.' **SALM 141:3**

TAWELU'R STORM

Un noson, roedd Iesu a'i ffrindiau'n mwynhau taith hamddenol ar y llyn yn eu cwch bach . . . ond, yn sydyn, cododd gwynt nerthol gan gorddi'r dŵr tawel yn donnau gwyllt oedd yn bygwth troi'r cwch wyneb i waered. Roedd ffrindiau Iesu'n ofni eu bod ar fin boddi!

Ond siaradodd Iesu wrth y storm. 'Bydd dawel,' meddai. A llonyddodd y gwynt a'r tonnau ar unwaith.

Fyddwch chi weithiau'n teimlo'n bryderus?

Os gall Iesu dawelu storm ar y llyn, gall hefyd dawelu'r storm yn eich calon.

'Bwriwch eich holl bryder arno ef, oherwydd y mae gofal ganddo amdanoch.' **1 PEDR 5:7**

PŴER SIWPYR-NERTHOL

'. . . a beth yw aruthrol fawredd y gallu sydd ganddo o'n plaid ni, sy'n credu . . .' **EFFESIAID 1:19**

Mae pŵer Duw yn unigryw! Yn anfesuradwy! Yn amhosibl ei ddychmygu! Pa eiriau all ei ddisgrifio?

Yn y Beibl, cynigiodd Paul dri gair Groeg – 'hyperballo', 'megathos' a 'dynamis'. A dyna ni – 'Hyper-Mega-Deinameit!'

Ar ben hynny, mae Paul yn dweud bod y pŵer hwn ar eich cyfer CHI.

Does dim rhaid i chi wneud popeth ar eich pen eich hun. Does dim rhaid i chi fod yn ddigon cryf nac yn ddigon dewr i wynebu problemau heb help. Oherwydd mae Duw wedi rhoi ei bŵer siwpyr-nerthol i chi!

PEN-BLWYDD HAPUS!

Mae'r Frenhines yn cael dau ben-blwydd. Ar ei phen-blwydd swyddogol mae hi'n gorfod gwneud Pethau Brenhinol. Ond ar ei phen-blwydd go iawn mae'n cael gwneud beth bynnag sy'n cymryd ei ffansi (fel bwyta hufen iâ drwy'r dydd yn gwisgo'i slipars, efallai!).

Fyddech chi'n hoffi cael dau ben-blwydd? Mewn gwirionedd, os ydych chi'n dilyn Iesu, rydych chi'n cael TRI phen-blwydd!

Pen-blwydd ar y dyddiad y cawsoch chi'ch geni.

Pen-blwydd dyddiad dweud 'ie' wrth Iesu a chael eich aileni i mewn i fyd newydd sbon Duw.

A phen-blwydd wedi i chi farw – pan fydd Iesu'n gafael yn eich llaw ac yn eich arwain trwy farwolaeth; byddwch yn deffro gydag e yn y Byd Perffaith, diddiwedd.

'Yr ydych wedi eich geni o'r newydd . . . trwy air Duw, sydd yn fyw ac yn aros.' **1 PEDR 1:23**

LLAMU I'R GOLEUNI!

Ffydd ydy credu yng ngair Duw.

Mae rhai pobl yn credu bod ffydd fel llamu i'r tywyllwch; bod ffydd yn ddall.

Ond mae'r Beibl yn dweud yn wahanol. Pan fyddwn i ffwrdd oddi wrth Dduw, rydyn ni yn y tywyllwch; yn ddall, yn baglu ein ffordd o gwmpas.

Roedd John Newton yn arfer masnachu mewn caethweision – ond pan ddaeth i adnabod Iesu, newidiodd ei fywyd. Treuliodd weddill ei oes yn rhyddhau caethweision, ac ysgrifennodd yr emyn 'Amazing Grace', a droswyd i'r Gymraeg gan William Williams Pantycelyn.
'Ni cherdda i'n gywir hanner cam,' meddai, 'oni byddi di o'm blaen.'

Pan ddown ni adref at Dduw, nid llam i'r tywyllwch mohono, ond llam gogoneddus i'r goleuni – i oleuni cariad Duw!

'Yna llefarodd Iesu . . . "Myfi yw goleuni'r byd . . . ni bydd neb sy'n fy nghanlyn i byth yn rhodio yn y tywyllwch, ond bydd ganddo oleuni'r bywyd".'
IOAN 8:12

MADDEUWYD

'Byddwch yn dirion wrth eich gilydd . . . yn maddau i'ch gilydd fel y maddeuodd Duw yng Nghrist i chwi.'
EFFESIAID 4:32

Mae Duw'n dweud wrthon ni am faddau i bobl eraill. Ond, meddech chi, sut galla i faddau os ydyn nhw wedi gwneud rhywbeth drwg?

Allwn ni ddim maddau – ddim ar ein pennau ein hunain.

Yr unig ffordd ydy os bydd ein calonnau'n llawn o gariad Iesu. Pan feddyliwn am Iesu'n marw drosom, yn ein caru, yn maddau i ni – er nad oedden ni'n ei haeddu – sut gallwn ni beidio â maddau i eraill?

Bydd Iesu'n eich helpu i wneud yr hyn na allwch.

Efallai ein bod ni'n credu ein bod, wrth faddau i rywun, yn eu rhyddhau!

Ond, mewn gwirionedd, fel arall yn union mae pethau.

Pan fyddwch yn maddau i rywun, rydych yn gadael y carcharor yn rhydd! Ond *chi* ydy'r carcharor hwnnw.

DYSGU GAN YR ADAR BACH

'Ond yn awr gofyn . . . i adar y nefoedd fynegi i ti . . .' **JOB 12:7**

Wyddoch chi fod Duw'n dweud wrthon ni am wylio'r adar? Dyma mae'n ei ddweud wrthym:

Edrychwch ar adar y to: dydyn nhw ddim yn bwysig, ond rydw i'n eu caru ac yn gwybod popeth amdanyn nhw. Meddyliwch cymaint mwy rydw i'n eich caru chi!

Edrychwch ar y cigfrain: dydyn nhw ddim yn hau nac yn medi. Does ganddyn nhw ddim ysgubor na phantri, ond rydw i'n eu bwydo. Meddyliwch cymaint mwy y bydda i'n gofalu amdanoch chi!

Edrychwch ar y storc: mae e'n mynd i ffwrdd, ond wastad yn dod 'nôl adre. Dewch chithau adre ataf i!

Ceisiwch fod fel yr adar bach – maen nhw'n gwybod bod eu Tad Nefol yn eu caru, ac yn gofalu amdanyn nhw.

Byddwch yn debyg i'r adar sy'n dibynnu arna i am bopeth – dewch chithau ataf i am BOPETH!

RHYWBETH PRYDFERTH I DDUW

Beth allech chi ei wneud â'ch bywyd fyddai'n plesio Duw?

Cyfansoddi symffoni? Dringo mynydd? Adeiladu eglwys gadeiriol? Peintio darlun? Ysgrifennu llyfr? Dyfeisio rhywbeth anhygoel? Gweddïo am oriau bwygilydd?

Gallai Duw ofyn i chi wneud unrhyw un o'r pethau gwych yma!

Ond wyddoch chi beth sy'n fwy prydferth fyth yng ngolwg Duw – yr hyn mae'n ei garu fwyaf, ac sy'n ei wneud yn fwyaf hapus?

Eich bod chi'n ymddiried ynddo. Ac yn credu ei fod yn eich caru.

'Pâr imi glywed yn y bore am dy gariad, [O Arglwydd] oherwydd yr wyf wedi ymddiried ynot ti . . .' SALM 143:8

FEL YR EWIG

Llefydd uchel, serth, creigiog, brawychus – mae traed yr ewig neu'r carw yn berffaith ar gyfer y rhain. Maen nhw'n gallu sefyll ar y mannau uchaf yn y byd.

Mae'r Beibl yn dweud bod gan Dduw lefydd uchel ar eich cyfer chithau hefyd. Efallai y bydd Duw'n eich arwain ar lwybr serth, anodd ei gerdded. Gallai'r llwybr fod yn gul ac yn beryglus. Ond mae e wedi addo bod gyda chi. Bydd e'n gofalu eich bod chi'n ddiogel bob amser.

Mae Duw'n eich gwneud mor gadarn ar eich traed â'r ewig – a grewyd ar gyfer yr uchelfannau.

'... y Duw sy'n ... gwneud fy ffordd yn ddifeius .... Gwna fy nhraed fel rhai ewig, a'm gosod yn gadarn ar y mynyddoedd.'
SALM 18:32–33

CREDWCH

'. . . rhoi gogoniant i Dduw, yn llawn hyder fod Duw yn abl i gyflawni'r hyn yr oedd wedi ei addo.' **RHUFEINIAID 4:21**

Gofynnodd Duw i Noa adeiladu cwch yng nghanol yr anialwch – er nad oedd 'run cwmwl yn yr awyr! Roedd Abraham yn gant oed, a'i wraig yn naw deg – ac addawodd Duw fabi iddyn nhw! Dywedodd Duw wrth Joshua am orchfygu dinas Jericho – nid trwy ymladd, ond trwy weiddi!

Ydy hynna'n swnio'n hurt? Weithiau, mae Duw'n gofyn i'w blant wneud pethau anodd eu deall. Ac yn addo gwneud pethau sy'n ymddangos yn amhosibl.

Beth fyddwch chi'n ei gredu?

Yr hyn mae eich llygaid yn ei weld? Yr hyn y gallwch ei ddychmygu?

Neu'r hyn mae Duw'n ei ddweud wrthoch chi?

ORIEL DUW

Creodd Duw bopeth – oherwydd ei fod yn
mwynhau'r gwaith. Yn union fel arlunydd.

Dywedodd Jonathan Edwards fod y byd i gyd fel
oriel i Dduw – yn arddangos ei holl weithiau celf
gwych. Mae popeth o'n cwmpas yn sôn wrthon
ni am Dduw.

Mae pob pluen eira'n sibrwd, 'Duw sydd wedi'n
gwneud ni'n brydferth!'

A phob creadur gwyllt yn cyhoeddi, 'Mor wych
ydy'r un a'n creodd ni!'

Mae Duw yn canu i'n calonnau trwy
ganghennau'r fedwen arian, sy'n disgleirio fel
mellten mewn coedwig o binwydd.

Ac mae'r cread crwn yn dweud wrthon ni mai
Duw sy'n gyfrifol am y cyfan!

A wyddoch chi pwy ydy Campwaith gorau Duw?
Chi.

'Oherwydd ei waith ef ydym, wedi ein creu yng Nghrist
Iesu i fywyd o weithredoedd da . . ' **EFFESIAID 2:10**

ADNABOD DUW

Mae byd Duw'n disgleirio o'n cwmpas. Heb fod angen llefaru unrhyw eiriau, mae'r awyr, y nentydd, y coed a'r anifeiliaid yn dweud wrthon ni bod Duw'n bwerus, yn ddoeth ac yn hardd.

Ond fedran nhw ddim dweud y cyfan. Fedran nhw ddim dweud y peth pwysicaf un.

Fedran nhw ddim dweud wrthon ni am ei gariad. Ei gariad Rhyfeddol, Diddiwedd, Di-ben-draw, Para-am-byth!

Y cariad a greodd y sêr; a symudodd nefoedd a daear er mwyn bod yn agos atom; a ddaeth i fyw gyda ni.

Er mwyn gweld cariad Duw yn glir, rhaid i ni edrych ar Iesu.

'Hwn yw delw'r Duw anweledig, cyntafanedig yr holl greadigaeth . . .' **COLOSIAID 1:15**

CARIAD

Ai teimlad yn eich calon ydy cariad?

Yn ôl y Beibl, mae Cariad yn fwy na hynny: mae'n amyneddgar a charedig, byth yn gwarafun dim, byth yn mynnu ei ffordd ei hun, yn gwneud popeth er lles eraill, byth yn rhoi ei hun gyntaf nac yn cenfigennu; dydy cariad ddim yn falch, nac yn ymffrostio; mae'n llawn gobaith, ac yn para am byth.

Am restr faith! Pwy sy'n gallu caru fel yna?

Dim ond un.

Gadawodd ei dad a dod i fyw atom ni. Dangosodd i ni beth ydy cariad.

Oherwydd nid rhestr ydy Cariad. Person ydy Cariad.

'Do, carodd Duw y byd gymaint nes iddo roi ei unig Fab . . .' **IOAN 3:16**

YN Y DECHREUAD

Cyn i Dduw wneud i sêr y bore ddisgleirio.

Cyn iddo greu'r moroedd mawr.

Cyn iddo greu'r mynyddoedd uchel.

Cyn iddo greu unrhyw beth o gwbl, gwnaeth
Duw rywbeth pwysig.

Beth, felly?

Eich caru chi.

A'ch dewis iddo'i hun.

'Cyn seilio'r byd, fe'n dewisodd yng Nghrist i fod
yn sanctaidd ac yn ddi-fai ger ei fron mewn cariad.'
EFFESIAID 1:4

OND DUW!

Mae'r geiriau hyn ymhlith y pwysicaf yn y Beibl – ac maent i'w gweld filoedd o weithiau.

Pan fydd popeth fel petai e ar ben, a dim gobaith ar ôl – Ond Duw! Mae Duw'n gwneud rhywbeth – mae'n troi'r cyfan o gwmpas. Mae'r geiriau fel clywed injan dân yn gwibio heibio – mae help ar ei ffordd!

Gadawodd Adda ac Efa yr ardd. 'Ond sibrydodd Duw addewid wrthyn nhw.'

Roedd dilyw ar fin dod. 'Ond cofiodd Duw am Noa.'

Roedden ni'n ddiymadferth. 'Ond dangosodd Duw ei gariad mawr tuag atom trwy anfon Iesu.'

Beth bynnag sy'n digwydd i chi heddiw, edrychwch i fyny. Mae help ar ei ffordd.

'Er i'm calon a'm cnawd ballu, eto y mae Duw yn gryfder i'm calon . . .' **SALM 73:26**

AMSER DUW

Ydych chi'n cofio Mathemateg Duw? Wel, beth am Amser Duw?

Fel hyn mae Duw'n gweld pethau:

> 1,000 o flynyddoedd = 1 diwrnod, ac
> 1 diwrnod = 1,000 o flynyddoedd

Dewiswyd Moses gan Dduw i fod yn arweinydd mawr – yn 80 oed! Rhoddodd Duw fabi i Abraham a'i wraig – ac yntau'n 100 oed!

Pan oedd merch Jairus yn wael, roedd pawb yn annog Iesu i frysio ati – ond arhosodd Iesu ar y ffordd i wella hen wraig.

'Rwyt ti'n rhy hwyr!' meddai pawb. Ond cofiwch am Amser Duw . . . Oherwydd bod Iesu wedi oedi, achubodd fywyd yr hen wraig. A llwyddodd nid yn unig i wella'r ferch fach – cododd hi o farw'n fyw.

Ydych chi'n teimlo weithiau bod Duw wedi anghofio amdanoch?

Os ydy Duw yn oedi, dydy e ddim yn gwneud pethau'n waeth. Mae e bob amser yn gwneud pethau'n well.

'Y mae fy amserau yn dy law di.' SALM 31:15

CEIR

Beth petaech chi'n rhoi uwd yn nhanc y car?
Am syniad twp!

Wel, beth am gawl tomato, 'te? Twt lol!
Fyddai'r car ddim yn tanio – mewn gwirionedd, fyddai
e ddim yn gweithio O GWBL!

Yn ôl y Beibl, os gosodwn unrhyw beth heblaw Duw
yn ganolbwynt i'n bywydau, fyddwn ninnau ddim yn
gweithio'n iawn chwaith.

Cawsom ein creu ar gyfer cariad a llawenydd – nid pechod a dagrau.

Dim ond Duw sy'n deall ein calon, a sut mae hi'n gweithio – wedi'r cwbl, Duw a'i creodd.

A gall yr un a greodd eich calon hefyd ei thrwsio.

'. . . oherwydd i'r Arglwydd fy eneinio i gyhoeddi newyddion da i'r tlodion a chysuro'r toredig o galon . . .' **ESEIA 61:1**

HEDFAN YN RHYDD!

Welsoch chi eryrod yn dysgu'u cywion bach sut i hedfan?

Druan â'r cywion! Un funud, maen nhw'n glyd ac yn gynnes yn eu nyth gysurus, a'r funud nesa maen nhw'n cael eu gwthio allan – GAN EU RHIENI!

Ond mae'r rhieni'n gwybod beth maen nhw'n ei wneud.

Wrth blymio, mae'r cywion yn fflapian eu hadenydd mewn panig – ac yn cryfhau. Mae'r rhieni'n eu dal ar eu hadenydd ac yn eu codi'n ôl i fyny, dro ar ôl tro; yn y diwedd mae'r cywion yn gwneud yr hyn y crewyd hwy i'w wneud – sef HEDFAN!

Mae'r Beibl yn dweud eich bod chithau hefyd wedi'ch geni i hedfan – i godi yng nghariad Duw, i ymddiried ynddo a'i garu.

'. . . y mae'r rhai sy'n disgwyl wrth yr Arglwydd yn adennill eu nerth; y maent yn magu adenydd fel eryr . . .'
ESEIA 40:31

GAEAF

Yn y gaeaf, mae'r coed fel petaen nhw wedi marw.
Mae'r dail yn crino ac yn cwympo, a'r coed yn sefyll
fel sgerbydau yn erbyn yr awyr oer, ddigysur.

Ond cyn i un ddeilen gwympo, mae blaguryn y
gwanwyn yn barod. Mae deilen newydd wedi'i
chyrlio'n dynn y tu mewn, yn aros . . .

Yn ôl Iesu, does dim byd sydd wedi torri na chaiff ei

drwsio; dim byd sâl na chaiff ei wella; dim byd marw na fydd yn byw eto. Oherwydd mae Duw'n gwneud popeth trist yn hapus!

Cofiwch am y goeden yn y gaeaf. Mae'n edrych fel petai wedi marw, ond mae'r blagur yno'n barod. Ac yn y gwanwyn bydd y goeden yn blodeuo ac yn cynhyrchu ffrwythau eto!

'Wele, yr wyf yn gwneud pob peth yn newydd.'
DATGUDDIAD 21:5

YR UN PETH AMHOSIBL

Does dim yn amhosibl i Dduw. Mae'n gallu
gwneud UNRHYW BETH. Tawelu'r storm!
Tywyllu'r haul! Creu llwybr trwy'r môr!

Oes yna unrhyw beth na all Duw ei wneud?

Dim ond un peth.

Dydy Duw ddim yn gallu stopio eich caru – byth.

'[Dywedodd Duw:] Am dy fod yn werthfawr yn fy ngolwg,
yn ogoneddus, a minnau'n dy garu . . .' **ESEIA 43:4**

LAW YN LLAW

Pan fyddwch yn y tywyllwch, neu ar lwybr cul,
mae angen i rywun afael yn dynn yn eich llaw
a'ch arwain . . . rhywun y gallwch ddibynnu
arno.

Mae Duw'n dweud y gallwn ddibynnu arno fe:

Rwy'n gafael yn dy law –
Wna i mo'i gollwng!

Ble bynnag yr ei di,
Beth bynnag a wnei di,
Bydd yna bob amser
Law iti afael ynddi.

Byddaf yn dy dywys,
Yn dy arwain,
Yn dy gadw.

Hyd yn oed mewn marwolaeth,
Wna i ddim gollwng dy law.

'Myfi yw'r Arglwydd; gelwais di mewn cyfiawnder,
a gafael yn dy law . . .' **ESEIA 42:6**

LLYFRYDDIAETH A FFYNONELLAU –

(NEU RHAGOR O BETHAU I FEDDWL AMDANYN NHW)

Dyma restr o'r ffynonellau a ddefnyddiais i ddod o hyd i'r dyfyniadau a gynhwysir yn y llyfr hwn, ynghyd â rhai llyfrau eraill (heblaw am y Beibl ei hun) sydd wedi fy ysbrydoli wrth i mi lunio'r testun hwn.

Rwyf hefyd wedi ychwanegu dyfyniadau a llyfrau eraill sydd wedi fy annog, yn y gobaith y byddant yn eich annog chithau hefyd.

Addaswyd y dyfyniadau i'r Gymraeg.

DAWNSIA! a TRYCHINEB!

'Ni ddylid meddwl am symudiadau'r bydysawd fel rhai sy'n berthnasol i beiriant, neu hyd yn oed i fyddin, ond yn hytrach fel dawns, gŵyl neu symffoni, defod neu garnifal – neu gyfuniad o'r cyfan. Y rhain yw'r symudiadau dirwystr o'r ysgogiad mwyaf perffaith tuag at y gwrthrych mwyaf perffaith.' C.S. Lewis, *Studies in Medieval and Renaissance Literature*

'Lle bynnag y caiff dyn ei wneud yn ganolbwynt pethau, daw hefyd yn ganolbwynt trafferth.' Dorothy L. Sayers, *Letters to a Diminished Church*

'Nid mater o foesoldeb neu ymddygiad yw pechod, ond cyflwr o gyfeiriadedd o ymwybyddiaeth llwyr dyn, nad yw'n gwneud Duw'n ganolbwynt iddo.' Arthur McGill, *Sermons*

Am ddarllen pellach ar syniad y Ddawns, trowch at: C.S Lewis, *Mere Christianity* a *Perelandra*; Tim Keller, *King's Cross*

Y TAD NEFOL CARIADUS

Yr ysbrydoliaeth oedd cofnod Amy Carmichael ar 22 Ebrill yn *Edges of His Ways.*

BYS BACH DUW

Yr ysbrydoliaeth oedd Tim Keller, a seiliodd ei ddarlun ar sgwrs a gyflwynwyd gan Barbara Boyd yn yr 1970au.

GOGONEDDU!

'Wrth ein gorchymyn ni i'w ogoneddu Ef, mae Duw yn estyn gwahoddiad i ni ei fwynhau.' C.S. Lewis, *Reflections on the Psalms*

'Yr wyf wedi dweud hyn wrthych er mwyn i'm llawenydd i fod ynoch, ac i'ch llawenydd chi fod yn gyflawn.' Ioan 15:11

GADEWCH I'R HAUL DDOD I MEWN!

Yr ysbrydoliaeth oedd cofnod Amy Carmichael ar 7 Mai yn *Edges of His Ways.*

PYSGODYN ALLAN O DDŴR

'Gall pysgodyn fod yn rhydd i orwedd ar y tir, a llamu o gwmpas, ond nid yw'n wirioneddol rhydd mewn unrhyw le heblaw mewn dŵr. Yr hyn yw dŵr i bysgodyn, dyna yw Duw i'r ysbryd.' Gerhard Tersteegen (awdur o'r 18fed ganrif), *Select Letters*

NEWYDDION DA!

'Nid cyngor da i ddynion yw'r Efengyl, ond yn hytrach newyddion da am Grist; nid gwahoddiad i wneud unrhyw beth, ond datganiad o'r hyn mae Duw wedi'i wneud.' John Stott, *Basic Christianity*

YDYN NI'N NIWSANS I DDUW?

'Mae rhai'n credu nad ydy Duw yn hoffi i ni fod yn niwsans, a'i boeni byth a hefyd. Y ffordd orau o fod yn niwsans i Dduw ydy peidio â dod ato o gwbl.' D.L. Moody, *Prevailing Prayer*

I FFWRDD Â NI!

'Creodd Duw y byd o ddim, a chyn belled â'n bod ninnau'n ddim, mae gobaith y gall e wneud rhywbeth ohonom.' Martin Luther

GORFFWYS A DIBYNNU

'Ffydd go iawn ydy gwendid dyn yn pwyso ar gryfder Duw.' D.L. Moody, *The Way to God*

CYMYLAU, MYNYDDOEDD A SÊR

Yr ysbrydoliaeth oedd cofnod Amy Carmichael ar 27 Mawrth yn *Edges of His Ways.*

Y FESEN BWERUS

'Gallwn yn hawdd fod yn rhy fawr i Dduw ein defnyddio, ond byth yn rhy fach.' D.L. Moody

GOBAITH

Daw'r dyfyniad o 'Christian Happiness' yn *Sermons and Discourses 1720–1723, The Works of Jonathan Edwards*

SAETHAU GWEDDI

'Ffydd yw enaid yn syllu ar Dduw sy'n achub.' A.W. Tozer, *The Pursuit of God*

GWNEUD I'CH CALON GANU!

'Nid oes yr un glaswelltyn, na'r un lliw yn y byd, nad yw wedi ei fwriadu i wneud i ni lawenhau.' John Calvin, *Selections from His Writings*

RHAW AR GOLL

Seiliwyd y stori ar waith Ernest Gordon, *Through the Valley of the Kwai.*

CREDU AC AMAU

'Ystyr ffydd yw nid yn unig eich bod chi'n gafael yn Nuw – ond bod Duw hefyd yn gafael ynoch chithau.' E. Stanley Jones, *Abundant Living*

'Nid dy afael di yn Nuw sy'n dy achub; Crist sy'n dy achub.' Charles Spurgeon, Cyfres 2 o *Sermons of the Rev. Charles Spurgeon*

YMDRECHU AC YMDDIRIED

'Rwy'n dweud, "Wel, felly, rydych bellach yn barod i'ch galw'ch hun yn Gristion." Maen nhw'n petruso. Ac rydw innau'n gwybod nad ydyn nhw ddim wedi deall. Yna rwy'n dweud, "Beth sy'n bod? Pam ydych chi'n petruso?" Ac maen nhw'n ateb, "Dydw i ddim yn teimlo mod i'n ddigon da." [. . .] Meddwl amdanyn nhw'n hunain maen nhw – y syniad bod yn rhaid iddyn nhw wneud eu hunain yn ddigon da i gael eu hystyried yn Gristnogion, yn ddigon da i gael eu derbyn gan Grist. [. . .] Ond, mewn gwirionedd, fyddwch chi byth yn ddigon da; does neb erioed wedi bod yn ddigon da. Hanfod iachawdwriaeth Gristnogol yw dweud ei fod e'n ddigon da, ac yr wyf innau ynddo Ef!' David Martyn Lloyd-Jones, *Spiritual Depression: Its Causes and Cures*

PRESGRIPSIWN DUW

'Mae Duw'n gwneud addewidion i ddynion i weld a fyddant yn ymddiried ynddo.' Richard Sibbes, Piwritan o'r 16eg ganrif (ffynhonnell anhysbys).

'Gadewch i addewidion Duw ddisgleirio ar eich problemau.' Corrie ten Boom, *Each New Day*

'Peidiwch byth ag ofni ymddiried dyfodol anhysbys i ofal Duw hysbys.' Corrie ten Boom, *Each New Day*

PAM Y DYLEN NI BOENI?

Teitl cerdd Elizabeth Cheney ydy 'Overheard in an Orchard', allan o *Streams in the Desert*, L.B. Cowan.

Y PENCAMPWR IFANC

'Pa lawenydd y bu'n rhaid i Iesu Grist ddod i lawr i'r ddaear i'w ennill, nad oedd ar gael iddo eisoes yn y nefoedd?' Tim Keller, o'i bregeth 'Hunanddisgyblaeth', 30 Mai 2010

PITW A SGRECHLYD

Ysbrydolwyd gan bregeth John Stott ar 'Adar y To – Hunan-barch'.

RADAR YN Y NIWL

'Mae ffydd fel radar sy'n gweld y ffordd drwy'r niwl – realiti pethau pell na all y llygad dynol eu gweld.' Corrie ten Boom, *Tramp for the Lord*

SIARAD Â CHI'CH HUN!

'Ydych chi wedi sylweddoli bod y rhan fwyaf o'ch anhapusrwydd mewn bywyd yn deillio o'r ffaith eich bod yn gwrando arnoch chi'ch hun yn hytrach na siarad â chi'ch hun?' David Martyn Lloyd-Jones, *Spiritual Depression: Its Causes and Cures*

CHWIFIWCH Y FANER!

'Ceir o'i mewn lawenydd a gorfoledd, emyn diolch a sain cân.' Eseia 51:3

TAWELU'R STORM

'O Arglwydd [. . .] ti sy'n llywodraethu ymchwydd y môr; pan gyfyd ei donnau, yr wyt yn eu gostegu.' Salm 89: 8–9

PŴER SIWPYR-NERTHOL

'Rydym yn tyfu'n fach wrth geisio bod yn fawr.' E. Stanley Jones, *Victorious Living*

LLAMU I'R GOLEUNI!

Mae emyn gwreiddiol John Newton, 'Amazing Grace', i'w gael yn *Olney Hymns*, Olney & Cowper (1779).

MADDEUWYD

'Maddau yw gadael carcharor yn rhydd. Ac yna darganfod mai chi yw'r carcharor hwnnw.' Lewis B. Smedes, *The Art of Forgiving*

Am ragor o ddeunydd ar Faddeuant, trowch at Corrie ten Boom, *The Hiding Place*

DYSGU GAN YR ADAR BACH

'Mae e, welwch chi, yn gwneud yr adar yn athrawon arnon ni. Mae'n warthus bod aderyn y to bach gwan, yn y Beibl, yn dod yn ddiwinydd ac yn bregethwr i'r doethaf o ddynion. Mae gennym gynifer o athrawon a phregethwyr ag o adar bach yn yr awyr. Mae eu hesiampl fyw yn embaras i ni . . . Pan fyddwch yn gwrando ar eos, felly, rydych yn gwrando ar bregethwr ardderchog . . . Mae fel petai'n dweud, "Byddai'n well gen i fod yng nghegin yr Arglwydd." Ef a wnaeth nefoedd a daear, ac ef ei hun yw'r cogydd a'r gwesteiwr. Bob dydd, mae e'n bwydo holl adar y nefoedd o'i law ei hun.' Martin Luther, *The Sermon on the Mount* (1521)

FEL YR EWIG

Yr ysbrydoliaeth oedd cofnod Amy Carmichael ar 19 Mawrth yn *Edges of His Ways.*

CREDWCH

'Nid wyf yn cael fy nghyffroi gan yr hyn rwy'n ei weld. Nid wyf yn cael fy nghyffroi gan yr hyn rwy'n ei deimlo. Rwy'n cael fy nghyffroi gan yr hyn rwy'n credu ynddo.' Smith Wigglesworth (ffynhonnell anhysbys).

ORIEL DUW

Seiliwyd y testun ar gerdd gan Joseph Addison, 'Ode – A Spacious Firmament'; cyhoeddwyd yn *The Spectator* (1712).

AMSER DUW

'Os yw Duw yn oedi, nid yw pethau'n gwaethygu. Mewn gwirionedd, maent yn gwella.' Tim Keller, 'A Dying Girl and a Sick Woman'.

CEIR

'Cafodd car ei ddyfeisio i redeg ar betrol, ac ni all redeg yn iawn ar unrhyw beth arall. Dyfeisiodd Duw y peiriant dynol i redeg arno Ef ei hun. Ef ei hun yw'r tanwydd y lluniwyd ein hysbryd i'w losgi, a'r maeth y lluniwyd ein hysbryd i fwydo arno. Nid oes unrhyw beth arall yn bosibl. Dyna pam nad oes unrhyw ddiben mewn gofyn i Dduw ein gwneud yn hapus yn ein ffordd ein hunain, gan anwybyddu crefydd. Ni all Duw roi inni hapusrwydd a heddwch heblaw trwyddo ef, oherwydd nid yw yno. Nid oes y fath beth yn bod.' C.S. Lewis, *Mere Christianity*